tredition®

www.tredition.de

AF195963

Jo Red Stone

SO: in die Zukunft

Woher, Wohin – *Geld und Macht*

www.tredition.de

© 2018 Jo Red Stone

Verlag & Druck: tredition GmbH, Hamburg

ISBN
Paperback   978-3-7469-2722-0
Hardcover   978-3-7469-2723-7
e-Book   978-3-7469-2724-4

Vorwort
SO ... Ein Wort zum Buch

Bücher werden aus den unterschiedlichsten Gründen geschrieben. Dieses Buch aber hat viele Gründe, um geschrieben zu werden.

Es beruht auf Erfahrenem, Erkanntem und Erlebtem mit Grundlagen, die bis in die 1960iger Jahre zurückgehen.

Das Leben des Autors ist so facettenreich, wie es kaum größer sein könnte.

Es begann im 2ten Weltkrieg mit entbehrungsreichem Leben, das bis an die Grenze zum Leben ging.

Beruflich starten musste er in einem Beruf, der damals zur Neuen Technik gehörte und ihm schon in der Lehrzeit große Erfolge brachte. Hier zahlte sich seine in der Kindheit erworbene Verantwortung für sich und andere voll aus.

Sein erst in späteren Jahren ermöglichtes Studium brachte ihm dann den weiteren Aufstieg in seinem Beruf. Er arbeitete für und bei ganz Armen und für ganz Reiche.

SO war er auch für viele großen Firmen im In- und Ausland tätig und arbeitete auch zeitweise dort.

Lernte **SO** Land und Leute kennen, deren Gewohnheiten, Sitten und Gebräuche, aber auch dessen Mentalität, Religion, seine Sichtweite.

Seine Selbständigkeit vergrößerte seine Möglichkeiten, etwas für die Menschheit zu tun, doch stieß er nicht nur auf Zuspruch dadurch. Fanatiker aller Couleur lehnte er wegen dessen Verschlossenheit auf der anderen Seite rigoros ab.

Ein aufgeschlossener kluger Mensch kann sich keiner Erweiterung seines Wissens verweigern – was Fanatiker tun!

Seine, aus all diesen Jahren und aus seinem Beruf geforderten und erworbenen Präzessionen, so wie das Erforschen nach Vollkommenheit auf vielen Ebenen, brachten ihm eine andere Sehensweise zu und über dieses Leben.

Sein Leben, das mit einer großen Vielzahl von Wohnsitzen bestückt und dadurch schon alleine ein erfahrungsreiches Leben ist, und **SO,** mit all diesem, brachte/n ihn und förderten seine ER/Kenntnisse, die der Zeit weit voraus waren, sich nach Jahrzehnten aber erst bewahrheiteten, und mit seinem Sinn für Gerechtigkeit unter den Menschen, ihm seine andere Lebensansichtsweise bestärkte.

Dieses wurde geschürt durch den Erfolg, den er hatte, und den damit verbundenen gehobenen Einkommensstandard. Die bis über die für ihn mögliche Grenze des Normalen hinausging. Obwohl sie noch im untersten Bereich von Wohlstand war.

Armut und Wohlstand und nicht zuletzt der (sein) Glaube waren es, die dieses Buch entstehen ließen. Dieses Manuskript wurde völlig frei von irgendwelchen wirtschaftlichen und gesellschaftlichen Zwängen geschrieben und stellt damit dadurch Liebgewonnenes (alte Übel) ins Abseits!

Doch dem Autor ist klar, dass auch dieses Buch nichts an der weltweiten Ansicht und den Einstellungen zum Leben, zum gegebenen Leben, wie es gelebt wird, ändern wird.

Aber er ist sich sicher, dass es doch einigen der Leser zumindest zu der Ansicht verhilft, dass es eine andere, bessere Menschheit (hätte) geben könnte! Eine Erden-Menschheit mit annähernd gleichen Bedingungen und unter gleich sozialen Lebensverhältnissen lebend!

SO – Ein Buch fürs, übers Leben, aus einer völlig anderen Sicht. Das andeutend Namen, Ross und Reiter nennt.

SO ? und nicht anders

SO ... zwei Buchstaben, die **SO** manchem Worte vor- oder nachstehen und, auch im Zusammenhang mit anderen Wörtern, immer etwas anderes aussagen.

SO, in der Grammatik tun sich viele schwer, dieses Wort richtig ein- oder zuzuordnen.

   SO meinen die einen, es gehört in die Reihe der Adverben, und andere meinen, es seien adverbiale Bestimmungen, was **SO** viel wie Umstandsbestimmungen sind, und wieder andere reden vom Füllwort.

   Das Wort **SO**: **SO** − war es; **SO** − ist es; **SO** − bleibt es − Nur das ist wahr! **SO** wahr**!**

Wie auch immer, **SO** lässt viele Fragen für immer offen − **SO** offen, wie diese Menschheit sich von Anbeginn ihres Daseins gab und gibt!

SO − zu den Fragen: Woher, Wohin, Geld und Macht!

Woher wir kommen, Wohin wir gehen, und der Einfluss, die Gier nach Geld und Macht.

Doch hinter allem steht nur eines: die „offene" Zukunft!!

Aber, hier darf und muss das „**SO** − **bleibt es**" fehlen, SOnst hat die Menschheit kaum noch eine Zukunft! − ob sie dieses schafft?!

Welche Einflüsse haben Erkenntnisse und Wissen der heutigen Zeit auf die Abläufe für die Zukunft?

   Was und wie unternimmt man − die Sager, die Regierung/en, um der Menschheit noch eine Zukunft zu geben?

Alles was in diesem Staat geschieht, lässt sich auch auf andere Staaten übertragen, gleich welcher Regierungsform sie untergeordnet sind. Untergeordnet in Reich und Arm, in besitzen und malochen, in herrschen und Beherrschten, und vor allem, im Beibehalten des Status „Reich"!

Dass die Menschheit den Scheideweg überschritten hat, wird leider verschwiegen. **Ihn,** den Punkt, wo eine Wende noch möglich war, haben sie zwar erkannt, ihn aber bewusst verschwiegen – der Wählergunst – ihres Geldes und der Macht wegen.

Nicht, dass es überhaupt keine Zukunft mehr gibt, doch sie liegt irgendwo zwischen X und Morgen.

Wer mehr zu diesem heiklen Thema lesen möchte, dem sei das Buch „Totengräber der Demokratie oder *Hundert Jahre oder Morgen*" empfohlen, das unter der ISBN 3-937008-92-6 zu beziehen ist.

Diese beiden Bücher **SO**llen das Dasein und die Sicht von vielen Menschen unserer Zeit wiedergeben und den realistischen Stand der Gesellschaft dokumentieren.
   Die Sichtweiten der Wohlhabenden, die an der nahenden Katastrophe alleine die Verantwortung tragen, stehen doch außer Zweifel.

Je mehr das Bewusstsein der Klimaveränderung (der Lebensveränderungen) zu Tage tritt, um**SO** mehr wird deutlich, dass alles durch die gestrigen und heutigen Verantwortlichen gemacht ist und geschieht. Entgegen vielen anderen Geschehen und Abläufen, ist in Sachen Klimaveränderung nichts mehr rückgängig zu machen!

Wir glauben – **SO** will man es uns von oben beibringen – dass wir aufgeklärte Völker sind, die durch ständiges Forschen und immer neuere, komplexere Erkenntnisse das „ewige" Leben erreichen können.
   Doch was geschieht, ist genau das Gegenteil, das man von Jahr zu Jahr deutlicher wahrnehmen kann.

Statt aus den gewonnenen Erkenntnissen die richtigen Schlüsse zu ziehen, drehen Regierungen und Reiche diese zum eigenen Wohle um und unternehmen nichts für eine sichere Zukunft aller.

Die Tatsache: dass nur eine relativ „gleiche" Gesellschaft eine Zukunft haben wird und kann, lehnen sie bewusst ab! Auch dies ist eine feste Größe im Gemeinschaftsleben der Völker!

Die Zukunft der gesamten Menschheit wird für den Reichtum der Reichen geopfert!

Und wer näher hinsieht, wird erkennen: dass alles dem Bestreben und Handeln, von Reichtum behalten und horten, und arm sein und arm bleiben, unterworfen ist.

SO und nicht anders wird diese Welt regiert!
   Auch kommt „Gut" und BÖSE, mit überwältigender Anzahl aus der Feder von Reich.
   Wo schon spielen Seilschaften bei den Armen eine Rolle?
   Wo werden kriminelle Handlungen erfunden und überdimensional ausgeführt als bei Reich!
   Wo schon werden Posten und **SO**nstiges unter sich **SO** verteilt?

Wo, wo, wo!

SO war es; **SO** ist es; und **SO** bleibt es – **SO** – und nicht anders!

SO – beruht auf Erfahrungen, Erlebtem und Erkanntem, deren Ursprünge in den 1970er Jahren liegen und sich in den laufenden Jahrzehnten an Komplexität in den Aussage gefestigt haben, sich auf das Wesentliche beschränkt – manches als übertrieben darstellt – aber nicht ist!

SO – versucht darzulegen, was falsch läuft, wenn die Erde, die Menschheit noch eine Zukunft hätte haben sollen!

Kommen Sie mit auf diese Aufklärungstour!

SO – in die Zukunft:
Woher, Wohin? Geld und Macht!

Woher, das ist eine Frage, die in Bezug auf den Menschen ebenSO unvollkommen zu beantworten ist wie das Wohin.

Dagegen sind die Größen Geld und Macht doch etwas anderes. Was sie bewirken, können und verursachen, steht doch zweifelsohne klar sichtbar da.

Woher und Wohin, diese Frage müssen sich doch zuvor schon Milliarden der Rasse Mensch gestellt haben.

Aber, warum nur ist dann die Welt **SO,** wie sie ist?!

Da ist im Buch „Die große Gier" zu lesen:

„Wir nummerieren die Jahre. Manchmal auch hängen wir ihnen nicht nur eine kalte, nüchterne Zahl an, sondern verbinden ein Jahr mit einem Ereignis, das die Zeit in Davor und Danach scheidet"
(Autor: Hans Leyendecker in *„SO war es und SO wird es sein")*

Davor oder Danach kommt der Aussage, Woher und Wohin sehr nahe.

Doch als wir dieses Buch geschenkt bekommen haben, war ein Teil dieses, unseres Buches längst geschrieben, und im Gegensatz zu jenem beleuchtet dieses Buch der Menschheit Lauf in der Kürze, und das vornehmlich in Deutschland, wobei die Analyse auch für viele andere, ja für alle Länder der Welt zutrifft.

Das Märchen vom Klapperstorch; wir kennen es fast alle. Trotzdem bleibt es ein Märchen – und wie schön ist es, dass es Märchen gibt – und es eines ist!

Bleibt die Geschichte von Eva und Adam. Dass sie **SO** ohne Weiteres irgendwoher kamen, und dann die ersten Menschen waren, und Menschen zeugten, ist wohl schon seit jeher sehr fraglich gewesen.

Spätestens bei der Aussage, dass ihre Söhne in ein anderes Land zogen, um zu heiraten, legt diese Aussage doch lahm – und **SO** geht es mit vielen Aussagen weiter!

„Christen" wollten an diese Variante glauben. Für die zweite Variante, den Affen, war man doch viel zu edel, zu christlich – sie war zu: menschenunwürdig.

Dennoch sagt man: Wir stammen vom Affen ab, und dessen Gene und Eigenschaften, Verhaltensweisen, hat man ja inzwischen ausreichend erforscht.

   Heute nun weiß man, dass die Gene Affe – Mensch weitgehend gleich sind.

Wenn man es genau nimmt, kann sich der Mensch daraus entwickelt haben, nur dass „ER" wirklich die menschlichen Eigenschaften hat, die man ihm zubilligt, das ist doch sehr zweifelhaft.

Denn was sind menschliche Eigenschaften?!

Wenn man Otto Normalverbraucher nach diesen, nach menschlichen Eigenschaften fragt, bekommt man meist die Antwort: edel, gerecht, großmütig und wie sich diese lobenswerten Charakterzüge alle nennen.

Das Märchen vom Storch lassen wir al**SO** als **SO**lches weiterhin unberücksichtigt stehen!

Die zweite Variante; al**SO** Adam und Eva betrachten wir einmal näher: Das Paradies hat es nie gegeben und wird es auch in Zukunft, schon erst recht nicht – mehr – geben. Das menschliche Leben war für die überwiegende Mehrheit immer mit Arbeit verbunden, oder richtiger gesagt: Es ist alles nur Arbeit. Dazu, zur Arbeit, aber an anderer Stelle mehr.

Diese beiden, Eva und Adam, von denen hier die Rede ist, zeugten unter Arbeit, vielleicht mit Freude und Lust, Nachkommen. Nicht eines und auch nicht zwei Jungen oder Mädchen, es muss ja mindestens von jeder **SO**rte eines gewesen sein, damit auch sie sich weiter vermehren konnten.

Stellt sich die Frage: Waren Gefühle wie Lust und die Freude, ja das Wissen um Nachkommenschaft und Vermehrung bei diesen beiden überhaupt schon bekannt? Haben sich diese über Jahre, Jahrtausende erst noch bei den Menschen entwickelt! Sicherlich – wie alles andere auch!

Krankheiten und vorzeitiger Tod oder dergleichen durfte es da im Anfang nicht geben.

SO oder ähnlich musste es zumindest einige Generationen weiter gegangen sein, um wenigstens eine kleine „Ur-Bevölkerung" auf die Beine zu stellen – alle behaftet mit dem Makel: Inzucht – mit allem, was das sagt und an sich hat.

Selbstverständlich wanderten sie dann aus, wie **SO**nst **SO**llte es Rote, Weiße, Schwarze, Gelbe, ja all die Rassen geben, die die Erde heute bevölkern.

Die Variante mit diesen beiden ist al**SO** in dieser Deutung schon nicht unbedingt überzeugend.

Da die nächste, die wohl gültige Theorie und in ihrem weiteren Verlauf mit der Vorherigen ohnehin ab**SO**lut identisch ist, entfällt weiterer Kommentar dazu.

Es ist eben SO

Die Affen

Dass diese Entwicklung –Evolution: vom Affen zum Menschen eine langwierige war, dürfte außer Zweifel stehen.

Aber schon bei den Affen – und den anderen Tieren, Lebewesen – gab und gibt es ja Rotten-, Rudelführer und **SO**lche, die sich ein- oder unterordnen müssen. **SO** ist das nun einmal im Leben, und das ist auch richtig **SO**.

Der Stärkste und Beste **SO**ll die Mehrheit führen. Da dürfte, müsste es selbstverständlich sein, dass er die Interessen der Allgemeinheit vertritt, und die dürften – manchmal – anders liegen als die ureigenen.

Die Interessen heute liegen aber völlig konträr zu denen der Gemeinschaften, Staatsformen – der Menschen. Hier hat sich über die Jahrtausende ein Raubrittertum entwickelt, das der Zukunft der Menschheit entgegensteht!

Eine/n Führer/IN muss es nunmal geben: Jeden tun und lassen, was er/sie möchte, geht einfach nicht. Doch in einer Demokratie darf diese Führung nicht von der Gesinnungsrichtung einer Partei abhängen – wie es zurzeit geschieht, denn hier werden nur Interessen in einer Richtung vertreten und gefördert!

In einem Rudel aber bekommt jeder seinen „gerechten" (?) Anteil, auch wenn die Fressordnung eine festgelegte Rangfolge ist: Eine Rangfolge der Stärke.

Dabei dürfte die Intelligenz bei den untergeordneten Rängen sicher auch eine Rolle spielen.

Tiere beschränken sich im Rudel, Verband immer auf eine relativ kleine Stückzahl, so dürfte es im Anfang, zu Beginn der Entwicklung der Menschen, sicher auch gewesen sein.

Davon ausgenommen waren die Herden von Bisons, Wisente, Rentiere und viele, viele weitere, die zu späteren Zeiten, zu Zehntausenden über die Steppen zogen.

Im Familienverband waren wohl zunächst nur Mann und Frau, die sich um das Überleben, ja Vermehren der Familie kümmerten.

In dieser hatten, da meist der Mann für die Ernährung **SO**rgte und die Frau für den Haushalt und die Kinder, irgendwie beide die gleiche Stellung oder Rang, was wiederum von der Art, die sie taten und vertraten, abhing. Und auch wenn man das Wort damals noch nicht kannte, wussten sie deren Bedeutung doch: Denn nur im Team ist man stark – kann überleben, hat eine Zukunft!

Kaum eine Institution, Firma oder was immer man auch heute nimmt, kann funktionieren, wenn nicht alle an einem Strang ziehen –**SO** wie zu den Anfängen der Menschheit.

Dann gab es größere Familien – über Jahrhunderte, Jahrtausende, aber kaum Familien in denen drei Generationen und mehr zusammenlebten.
    Dazu lebten die einzelnen Personen nicht lange genug, um es dazu kommen zu lassen.

In kleinen Sippen gab es den Sippenältesten, der an der Spitze dieser Sippe stand und für das Wohl dieser **S**orgte; man lebte ja sehr verstreut im Lande und begegnete, im Anfang der Menschheit, nur selten einem anderen Lebewesen der selben Art.

Doch dann: Es wurden natürlich mehr, man „vermehrte sich" und zwangsläufig wurden die Flächen, die Gebiete, von denen man sich ernähren musste, größer.

SO blieb es nicht aus, dass man eben**SO** häufig an die Grenze einer anderen Sippe stieß oder mit dieser in Berührung kam.
    Dazu kam: Durch schlechte **SO**mmer oder harte Winter, durch ausbleibendes Wild oder vernichtete Ernten, und nicht zuletzt den Neugierde- und Entdecker-Willen Einzelner, immer Neues, ja Besseres zu entdecken, kam man zwangsläufig, zunehmend mit anderen in Berührung – und Konflikte waren vorprogrammiert.

Was al**SO** war wohl die logische Folge? Zunächst beseitigte man was einem in den Weg kam auf die Art und Weise, die man kannte, und die war Töten.
    Entweder man gewann – oder man verlor, und starb. Kehrte von seinem Gang einfach nicht mehr zurück.

Mit der Entwicklung der Gehirnmasse bei unserer Spezies muss sich auch das Gefühl nach Gefallen und Ablehnung weiterentwickelt haben.
    Der für Vermehrung stehende Urtrieb oder auch Sex war **SO**wie**SO** schon vorhanden. Und **SO** ist gut vorstellbar, dass eine Schöne auf einer

Pirsch durch den Wald zur Beerensuche einen Jüngling sah, der ihr gefiel, noch bevor er sie bemerkte.

Als er ihr fast gegenüberstand, sie wahrnahm und jetzt eigentlich sein Instinkt ihm sagte „Töten", lächelte sie ihn an, und er verstand.

Dann suchte man einen Weg für eine gemeinsame Zukunft. Dem Selbsterhaltungstrieb folgend.

Aber es gibt leider eine zweite Variante: Er, der Jäger, sah dieses fremde Wesen und sein Gehirn signalisierte ihm: endlich ein „Arbeitstier", ein Sklave oder eine Sklavin für deine Arbeiten – die fängst du dir.

Hier sehen wir, dass sich die Gefühle erst über die Jahrhunderte weiterentwickelt haben, heute jedoch, wie es die Erscheinungen zeigen, leider wieder zerfallen. Doch was bestehen blieb, ja sich **SO**gar negativ weiterentwickelte: der Gedanke oder Trieb, Sklaven, al**SO** billige Arbeitskräfte, für sich arbeiten zu lassen!

Aus kleinen Sippen wurden große und größere. Der Name des Ältesten und die Macht, die er hatte, reichte nicht mehr, es mussten neue Positionen und Bezeichnungen erdacht werden, die über die Stellung und den Stand innerhalb eines Sippenverbandes hinaus gingen – und man fand sie.

Und zwangsläufig, wie man sieht, reichte auch die Bezeichnung Sippe nicht mehr aus, denn in einem **SO**lchen Verband waren dann etliche Sippen zusammengeschlossen.

Irgendwie gab es das Gefühl von Familie auch darüber hinaus, und **SO** entwickelte sich wohl der Begriff von Stammbaum und Zugehörigkeit dieser Linie zu einem Volk.

Bis zu diesem Zeitpunkt waren gewiss schon viele Jahrhunderte, ja Jahrtausende in der Entwicklungsphase der Menschheit vergangen, und nicht viel anders sah es in den darauf folgenden Jahrtausenden aus.

Die weitere Entwicklung schleppte sich nur qualvoll vorwärts – aber das war auch gut **SO**.

Stellen wir uns vor – aber das an anderer Stelle des Buches – später.

Große Flüsse, Meere und Gebirge und einiges andere trennten diese Völker zunächst voneinander. Doch die Entwicklung ging weiter, die Menschen vermehrten sich und benötigten immer mehr Fläche für ihr Über/Leben – und immer neue „Namen" und Titel kamen dazu.

Teils berechtigt – teils vollkommen unberechtigt – und einen Titel vererben, das ging eigentlich nur mit Gewalt oder wie heute per „Gesetz".

Denn jeder von uns weiß: Was aus den Nachkommen, den Neugeborenen mal wird, liegt zwar mit in den Genen, aber doch in den Sternen!

Und schon zu dieser Zeit galt: Wer wüsste nicht, dass viele Menschen edler als andere oder bessere sind, man gab sich schließlich einen Titel, der jedem die Stellung im Verband, Volk klarstellte.

Einen **SO**lchen Titel – Stellung – kann man doch allen Ernstes nicht vererben!

Sicher wurden Heerführer zunächst von der ein Königreich, Fürstentum oder Bauernschaft vertretenden Bevölkerung gewählt, und das sicher aber nur **SO**lange er lebte und für sie Kriege führte – gewonnene Kriege!

Dass dann diese Per**SO**nen versuchten, sich oder ihrem Nachwuchs auch ein besseres Leben zwischen einzelnen Konflikten zu genehmigen, liegt auf der Hand. Schließlich hatte man sich doch all diese, von einer gewissen Schicht bekannten, auch heute noch bestehenden Privilegien, von früher übernommenen.

Woher und wie es zu den einzelnen Titeln und Namen der Adeligen kam, ist nicht genau geklärt; sicher ist nur: Keiner ist je mit einem **SO**lchen, „selbst" erarbeiteten Titel geboren worden – man hat sich ihn in späteren Jahren wohl vererbt, als man lange schon wusste, wie einfach und „schön" es war, als Reicher sein Leben zu fristen – oder zu vergeuden!

Dass man dabei von der Arbeit der anderen, der Arbeitenden und schaffenden Bevölkerung lebte, war und wurde zur Selbstverständlichkeit.

Und genau da steht jede Demokratie heute auch noch!

Dazu gelernt hat man, weil es ja SO schön ist, auf Kosten anderer zu leben, bis heute nichts; und **SO** wird es auch in Zukunft bleiben!

Die Frage woher, und wie die Entwicklung dann genau weitergeht, im Einzelnen, wird dieser Menschheit wohl für immer ein ungeklärter Fall bleiben.

SO al**SO** kann man zwar bis zu den ersten Aufzeichnungen, auf „Papier" oder **SO**lchen in Stein, Runen genannt, auch wissenschaftlich, nur Vermutungen anstellen, auch wenn nicht wenige meinen, der Mensch wird eines Tages alles entschlüsseln.

      Dazu ist sicher: er wird sich ent/schlüsseln – von Mutter Erde. Sie braucht ihn nicht – mehr.

Den Büchern nach, den wenigen, die sich mit dem „WOHER" befassen, bleibt al**SO**, wollen sie bei der Wahrheit bleiben, **SO**mit nur wenig Erfahrbares zu berichten. Der Rest oder besser das Wenige beruht meistens auf Rückschlüssen – auf Logik.
  Bleibt gar: Wer schon befasst sich mit dem Wohin und warum Wohin?!

Zwar wäre und ist es wichtig zu wissen, wo wir herkommen, doch ist aus unserer Sicht für dieses Buch die frühe Geschichte nur von untergeordneter Bedeutung. Was zählt; ist der Zeitraum der letzten Tausende Jahre, und hier wäre die Entwicklung zur „Demokratie" (?) von ausschlaggebender Bedeutung. Doch dazu, woher und wie es zu den Anfängen von Namen und Titeln, in den Ursprüngen gekommen ist, steht wenig zu lesen.

Es ist und war schon immer **SO**:

Es ist einfacher und bequemer, andere für sich arbeiten zu lassen.

Nur was und wie wird daraus? Das aber konnte die damals lebenden Menschen und Menschheit nicht stören, was kannten sie schon von dieser Welt und ihren Zusammenhängen, die aber für dieses Was und Wie unbedingt notwendig sind.

Erste feste Ansiedlungen

Man konnte und wollte nicht ständig dem Wild hinterher laufen und seinen Acker, den konnte man auch nicht mitnehmen, und **SO** wurde aus der Höhle die Hütte, die ganz primitive, die bessere und die noch bessere, das Holzhaus, das Lehmbaus und das Haus aus Fachwerk und/oder Stein.
Für seine Tiere und alles Weitere wurde zur Schonung dieser dann auch für trockene und warme Plätze gesorgt, – die Nutzung, die Leistung, der Gewinn waren größer, und **SO** entstanden Katen und Höfe, Güter und Domänen, Fürstentümer.
   Groß, größer, am größten, und da man ja die Arbeit nicht selbst machen konnte, und schon gar nicht machen wollte, mussten „Sklaven" oder wie man sie hier bezeichnete „Leibeigene" oder „Tagelöhner", ja Unfreie, diese für einen erledigen.

Wollte man, da man ja schließlich etwas Besseres war, vielleicht nicht nackt(?) geboren wurde, sich von diesem Pöbel da unten abheben, ließ man sie meist am unteren Rand der Existenz leben und für den jeweiligen Besitzer schuften.
   Dass dieser auch Herr über ihr Leben, bis hin zum Tod, gleich in welcher Beziehung war, war zunächst selbstverständlich.

Und dieses Gefühl, diese Tatsache, sehen wir genau hin, gibt es leider auch heute noch, und das auch noch in Deutschland – zunehmend!
   Wobei „Tod" nicht unbedingt im Sinne des Wortes gesehen werden sollte.

Wie oft aber stirbt manch einer an körperlichen oder geistigen Verletzungen, die man ihm bewusst oder halbbewusst zugefügt hat.
Und nicht zu vergessen die, die man aus irgendwelchen Gründen in den Tod trieb und treibt.

Doch spätestens hier muss auffallen, dass etwas in der groben Analyse fehlt: die Religion, die Kirche, das Christentum.
    An etwas zu glauben ist gut und richtig – was wäre das Leben ohne dieses?!

*Nicht dass wir einem Leser seinen Gott streitig machen möchten, nein, im Gegenteil, wer an ihn glaubt, ja glauben kann, ist zu beneiden – wir jedoch haben hiermit seit Jahrzehnten unsere Schwierigkeiten – sind zu technisiert, wollen wissen, warum und wie**SO**!*
    Das war bis in unsere frühe Jugend hinein anders, damals glaubten auch wir daran. Dann änderten sich mit dem Beruf auch die Ansichten und Erkenntnisse.

Bevor „der" Mensch die Christenheit entdeckt hat, gab es schon „Glauben" in unzähliger Form und Weise, auch wenn man hier von Sekten spricht. Dass es heute eine fast genau**SO** große Zahl von Sekten und Glaubensgemeinschaften gibt, hat aber meist einen anderen Grund – Macht und Geld.

Haben etliche Religionen zwar ein und den gleichen Gott als höchste Instanz, **SO** sind sie eben doch sehr unterschiedlich, weil jeder etwas anderes damit bezwecken und bewirken will, sein Ziel ist – und jeder hat natürlich das Recht, von sich zu behaupten: Sein Glaube sei der einzig richtige.

*Es ist, betrachtet man all dieses einmal näher – bei den gravierenden Unterschieden innerhalb der Religionen, einfach **nicht möglich** – nach menschlichem Verstand – dass sie einen gemeinsamen Gott haben!!!*

Macht man sich die Mühe und treibt einen sein Gehirn und sein Wissen- wollen, woher man und die Menschheit, die Erde und alles andere kommt, zu einer Antwort, **SO** steht man schnell, zu schnell, vor dem Ergebnis: **keine Antwort.**

Eine interessante Teillösung bietet aber die Frage nach dem einigen Gott.

Nehmen wir hier die in Deutschland meist vertretene Religion – die der anderen Religionen ist ja fast das Gleiche.

*Warum die nachfolgenden Fragen **SO** ausführlich behandelt werden, diese Antwort ergibt sich aus dem nachstehenden Text, Artikeln.*

Manch einer der Leser wird sich fragen: warum diese Schwenker über diese Themen. Doch wir finden, wollen wir eine ehrliche Antwort zu „Woher und Wohin" geben, ist dies zwingend notwendig, denn für die Stellung des Menschen im System Erde oder richtiger Universum, kann nur hierin die Antwort liegen.

Bleiben die Fragen nach der Gerechtigkeit dieses Gottes.

Hier gibt es viele Psalmen, Verse und **SO**nstiges in Bibel und Testamenten, die dafür eine Erklärung geben – wenn man will.

Doch alleine die Aussage, dass Gott Himmel und Erde geschaffen hat, wirft **SO** viele Fragen auf, dass man sich fragen muss, wie kann das sein.

*Als man die Geschichte mit Gott aufschrieb – vor fast zweitausend Jahren, war der Himmel das, was die Menschheit, **SO** wie heute noch, täglich, bei gutem Wetter mit dem bloßen Auge sehen kann.*

Doch wir wissen seit Jahrhunderten: darüber hinaus gibt es ein riesiges All, mit Grenzen die – nein, Grenzen kann es keine geben, das Universum wird sich nicht in einer Richtung ausdehnen – und enden.

... und lesen wir die Schöpfungsgeschichte weiter, gewinnt man mehr und mehr den Eindruck, dass das, was dort geschrieben steht, sich nur auf Mutter Erde bezieht, beziehen kann, das aber steht nicht im Gleichklang mit anderen Aussagen über uns, die Erde, die Religion!

Wenn es alSO einen Gott gibt, der Himmel und Erde geschaffen hat, dann hat er vergessen, das All zu schaffen.

Wenn er aber auch Herr über das All ist; dann ist die Schöpfungsgeschichte unrichtig.

Und gehen wir weiter, drängt sich SOgleich die Frage nach dem Schreiben auf: Seit wann können Menschen schreiben – wie ist eine ehrliche, authentische, realistische Überlieferung dessen, was geschrieben steht in der Bibel und ...– überhaupt möglich!

Wirft doch die eine Frage zig andere auf – und wer fair ist und nicht nur seine Ansichten und Meinungen vertritt, müsste über diese Fragen durchaus einmal kritisch nachdenken. Das aber würde ihn dazu bringen, an das, was viele als Wahrheit haben möchten, zu zweifeln – und zweifeln ist in diesem Fall verboten.

Zweifeln, das wird sich noch herausstellen, ist über die Jahre der Menschheit gesehen, noch nie gewollt worden.

Zweifel, und erst recht diese äußern, ist verhasst wie die Pest. Denn jeder Querdenker ist auch ein Zweifler und stört den angeblichen „Frieden".

Doch es gibt noch viele andere Stellen in der Bibel, den Religionsschriften, die der Realität entgegenstehen.

Warum aber ist das **SO**???

Jesus Christus erscheint, nach dem jetzigen Wissensstand, vor rund zweitausend Jahren zum ersten Mal – richtig – muss sein Vater schon davor dagewesen sein.

Da, ... wo aber war er und ist er dann, und warum lässt er uns, die Menschheit, ein ganz von seinen Bibel-Worten abweichendes Dasein führen. Eine Verhaltensweise, wie er sie, wenn es Ihn gibt, sicher nicht gewollt hat – haben muss.

Wie ein Vater: treusorgend und voller Güte und das Wohl aller im Auge, die Gerechtigkeit, verbunden oder einhergehend mit der Gleichheit, davon sucht man in dieser Welt vergeblich – leider.

Wie kann man an einem Gott glauben, der weder Menschlichkeit noch Christlichkeit zu scheinen kennt und sie schon gar nicht praktiziert.

Alles, was man mit nüchternem Verstand in dieser Sache, dieser Institution Gott gutschreiben kann, ist die Vernichtung des Menschen, des selbst geschaffenen. Wie bekommt man mit seinem bisschen Wissen und Verstand dieses auf eine andere Reihe?

An Gott glauben zu können in unserer Zeit bedarf fast eines großen Klimmzugs oder einer gewissen Portion Naivität oder Selbstbetrug.

SO – Das Weltliche / Christliche

Wir haben die Anfänge der Menschheit al**SO** hinter uns: Haben Reiche und Arme „gerecht" verteilt (*jetzt schon*), haben Sklaven und ihre Halter schön und menschenwürdig geordnet, als man endlich die Christenheit entdeckte – doch jetzt wurde alles anders – alles besser – menschenwürdiger, christlicher!

> *Endlich hatte die Christenheit etwas, das vielen Menschen einen Halt, eine Antwort auf die Frage auf das* Woher und Wohin *ohne großes Nachdenken geben konnte.*

Das Abschlachten der Christen zu Beginn ihrer Geschichte im alten Rom und anderswo war schlimm und menschenverachtend – aber, es waren Menschen (?), die genau dieses taten.

Stellt sich die Frage: Wie kommt es dazu, dass der Mensch – früher und heute – **SO** etwas tut? Dabei sagt man doch von ihm, „er sei das intelligenteste Lebewesen auf diesem Globus".
   Intelligenz ja, aber Vernunft – die fehlt vielen – und Macht und Geld, verderben den Charakter.

> *Doch über diese Erkenntnisse lacht diese Klientel nur!*

Hatte man es bei den Völkern zu Königen und Kaisern gebracht, **SO** durfte es bei den Christen doch nicht daran mangeln, dem etwas

Gleichrangiges gegenüberzustellen. Die Hierarchie musste auch hier ihren Lauf nehmen.

*Wer ist man **SO**nst schon? Und schließlich ist man ja wer!*

Richtig: gläubig, christlich, Religion und Kirche gehören eigentlich – für den Laien und die Allgemeinheit – zusammen. Nur die Wirklichkeit zeigt etwas ganz anderes!

Christlich, steht da nicht irgendwo etwas von: brüderlich teilen?!

Gemeint sind auch die Schwestern.

Sieht man sich den „exklusivsten" Verein unter den Religionen an, ist doch von Brüderlichkeit nicht die Spur zu sehen.
   Aber: wie bei allen anderen Religionen, muss auch hier der Unterschied zwischen Oben und Unten – zwischen Arm und Reich – gewahrt bleiben; das versteht sich doch von selbst.

Schließlich ist dies eine Erkenntnis, die auf Erfahrungen von Jahrhunderten beruht.

Muss? Nein, nach menschlicher Auffassung und erst recht christlicher, müsste seit Jahrtausenden die Menschheit den etwas gerechteren Weg – versuchen – zu gehen.

Die Besitztümer, der Reichtum dieser Christenheit stellt fast alles in den Schatten – auch wenn es in dieser Gemeinschaft einige gibt, die wirklich ihrem Glauben nach leben und handeln. Das macht aber nicht diesen Glauben aus.
   Hier muss man einfach festhalten, dass wenn, nur eine **SO**lche Institution der Menschheit ein anderes Gesicht hätte geben können.

Leider ist es **SO**: *Auch hier denkt nur jeder zuerst an sich selbst!*
   Von menschlichem und christlichem Denken und Handeln ist überhaupt keine Rede.

*Dass das **SO** ist, haben immer das oder die FührungSOrgane zu verantworten!*

Und sehen wir bei den einzelnen Religionen nach, da gibt es keine, aber auch keine, die nennenswerte Gerechtigkeit und Gleichheit ausübt!

Gerechtigkeit:
Nur dieser Weg ist und wäre es, der ihr, der Menschheit eine Zukunft gäbe.
Glauben: heißt nicht wissen!

Jährlich, ja ständig redet irgendeine der angeblichen Größen dieser Erde davon, dass es mehr Gerechtigkeit geben **SO**ll. Gerechtigkeit und Freiheit – doch sie reden alle nur – Taten folgten noch nie von einem.

Sie alle sind nicht besser als die Kreuz-, die Raubritter von damals – nur – eben, der Zeit in der sie leben, angepasst.

Sieht man einmal (nur) in der Geschichte der Klöster nach, wird einem zum Teil die echte Wahrheit der Klostergeschichte offenbart – und die sieht erschreckend aus – wie alles andere auch.
Da wurden Klöster geführt wie heute Aktiengesellschaften, wurden reich und reicher und gingen zum Teil daran zugrunde – weil es darin Ordensbrüder gab, denen das „weltliche" Treiben und Streben, mit ihrem Gelübde „Beten und Arbeiten" nicht vertretbar wurde – sie rebellierten.
Ihnen bedeutete ihr Glaube an einen gerechten Gott etwas mehr, als es die Allgemeinheit der sich Christen (gläubig) nennenden Menschen es für ausreichend hält.

Und SO, wie es sich mit der Christlichkeit verhält, SO verhält es sich, schon seit Menschengedenken, mit der Menschlichkeit!!

Nimmt man, zum Beispiel, das sehr sehenswerte Kloster Walkenried am Fuße des Süd-Harz gelegen, von dem aber nur noch eine Ruine existiert, mit einem allerdings außerordentlich interessantem Museum, wird man über dessen Gründung, Leben, Betreiben und Untergang bestens aufgeklärt.

Wer sich ein wenig Gedanken dazu macht, erkennt schnell: Auch hinter Klostermauern wirkten Menschen, denen Wohlstand wichtiger war als ihr Glaube, Christlichkeit und Menschlichkeit.

Wer immer es will, diese Größen lassen sich leicht mit anderen Worten interpretieren und auslegen – schließlich ist man ja Mensch, und da ist das Wort „menschlich" eine viel und gern benutzte Ausrede.

Die Jahre, Jahrhunderte, Jahrtausende gingen weiter – man lernte, weil man wollte – und zwangsläufig auch dazu.

Nur was die Größen Menschlichkeit und Christlichkeit anging, lernte man nichts dazu – im Gegenteil, das Raubrittertum nahm und nimmt ständig zu und keiner bremst diesen Wahnsinn!

Menschlichkeit und Christlichkeit blieben schon früh auf der Strecke!

Wäre es nicht schön und gut, wir, die Menschheit hätte einen gerechten, gütigen Gott, der alle seine Kinder – wie ein Vater – gleich behandeln würde und dessen Dasein hier auf Erden steuern würde?!

Wie leicht würde es einem fallen, unter **SO**lchen Umständen an einen Gott zu glauben!

Wer aber, wie viele dieser Erdenbürger, dies nicht **SO** sieht, und beim Gedankengang an das Woher schnell an das große Dunkel gelangt, wird diesen Gott vergeblich suchen.

Was ihm bleibt, ist dennoch die Frage: Woher?

Was aber bei allen Erdenbürgern bleibt, ist der Glaube, der Glaube an irgendetwas. Sei es an eine Religion, und da steht das Dilemma schon an – mit dem Glauben an eine Lebensweise, eine Gewohnheit, Gesinnung, Philosophie, und was es da alles für Glaubensrichtungen gibt.

Gott?! Oder Glaube. Da stellt sich doch die Frage: Wofür werden diese Worte alles missbraucht, wofür lässt man sie geradestehen oder erhofft sich Hilfe – auch für abSOlut Böses oder Glaubensfremdes!

Eines aber gilt für den größten Teil der Menschheit, der Glaube an das: Geld und mit ihm an die Macht!

SO bleibt es bis ans Ende

Wenn Gott Himmel und Erde und alles, was da kreucht und fleucht, geschaffen hat, wie passen dann Adam und Eva dort hinein?

Wie passt in dieses Bild gar die Evolution des Menschen, der nachweislich vom Affen abstammt – bisher?!

Sind und werden diese Sorte Tier/Mensch etwa auch in den Himmel kommen, oder landen sie in der Hölle?

Hölle gleich Teufel: Kommt man mit einer ehrlichen Antwort in Sachen Gott nicht weiter, so schiebt man alles in Richtung Teufel.

Teufel, das ist der, der für alles Böse und Schlechte zuständig ist. Doch was auf dieser Erde, unter den Menschen, ist schon gut, im Verhältnis zu Böse, Schlecht?!

Liegt es nicht daran, dass der Mensch Schlechtes schneller vergessen will als Gutes?

Will er nicht die Erde, den Menschen, als etwas Positives in sich behalten? Weil Negatives seinen Geist nur belastet – seinen Körper zerstört?!

Ein Leben im negativen Sinnen, schon gar nicht ein erstrebenswertes Leben ist!

„Glauben heißt nicht wissen" und **SO** muss jeder das glauben, was er meint, es wäre das Richtige für ihn – und tut es auch – meist.

Was schlimm ist, sind die Fanatiker unter ihnen, und davon gibt es leider viel zu viele. Würde die Menschheit, jeder für sich mit seinem Glauben leben, hätten wir eine friedvollere Menschheit!

SO aber wird, seit Jahrtausenden, für seinen Glauben Krieg geführt. Das ist doch edel, oder?!

Bleibt zum Schluss nur die Erkenntnis: Da Gott alle Menschen liebt und ihnen alles vergibt, kommen auch alle, ob gläubig oder nicht, ob Wohltäter oder Sünder, in den Himmel!

Oder vielleicht doch nicht?

Gut und Böse

Kann man sich darüber eigentlich streiten: ob nun einer lügt oder nur die Unwahrheit sagt?

Nach manchen Wissenschaftlern nicht, für sie gibt es kein Lügen. Und wenn es kein Lügen gibt, dann kann es auch kein schlechtes Handeln oder schlechte Handlungen geben.

Ist es al**SO SO,** wenn jemand einen bestiehlt, gar totschlägt, nur eine Wohltat für und an der Gesellschaft, die er erbringt?

Wir wissen nicht, ob das **SO** ganz richtig ist, die Experten hier nicht irren.

Die „besten" Beweise liefern hier die Gerichte, die Rechtsprechung. Obwohl es eindeutige Gesetze, Artikel gibt, machen einige Richter/INNEN ihre eigenen Gesetze, Urteil daraus. Bliebe es bei halbwegs gerechten Urteilen, könnte die Menschheit kaum klagen. Doch es gibt auch in dieser Zunft einige, die das Ziel Gerechtigkeit weit verfehlen ... und wie geschrieben; jeder unter „Recht und ..." etwas anderes verstehen will − nicht zu vergessen: dass der Staat, den er vertritt, ihm das uneingeschränkte Recht − zwar unter Eid − erteilt, dass seine Urteile „im Namen des Volkes" abgegeben werden!!!

Ist etwa auch dieses menschlich??! Sicher nicht! Doch keine Macht stoppt sie.

Wie zu jeder Zeit der Menschheitsgeschichte geht es darum, bessergestellt und reicher als der andere zu werden, zu sein − da spielen Menschlichkeit, Gesetze und Fairness keine Rolle.

Und, heute kommt noch etwas dazu: man nennt es Seilschaft.
Seilschaft*: Eine Gruppe, Trupp, Clan, Sippe, ein Ortsverband, Interessenvereinigung/en, Berufsverband/e, Parteien oder Behörden, die nach einer einheitlichen Ordnung, auch wenn sie gegen geltendes Recht verstoßen, zusammenhalten.*

Es zieht sich wie ein roter Faden, ein Blutfaden durch die Menschheit – die Un-Gerechtigkeit.

Vom Frieden spricht man immer wieder, wünscht ihn sich – vielleicht – doch was man auch tut, man fördert Kriege – denn nur an und mit diesen können die Reichen noch reicher werden und die Erde(?)…

> *SO ist es eben!*

Kriege

Gab es zu Beginn nur Auseinandersetzungen um das „nackte" Überleben, und, weil man andere Möglichkeiten zur Schlichtung von Meinungsverschiedenheiten nicht kannte, nur das Faustrecht. **SO** war es danach stets die Macht und/oder das Geld, das zu einem solchen führt/e. Von diesem „Schema" hat sich bis heute keine Institution, kein Verein differenziert – differenzieren wollen.

Man schickt ehrenvoll seine **SO**ldaten in den Krieg – und lässt sie eben**SO** ehrenvoll sterben. Dann, wenn sie „gefallen" sind, sind sie für einen eigentlich wertlos – man braucht sich eigentlich nicht mehr um sie zu kümmern.
    Ähnlich verhält es sich mit Verwundeten, Invaliden.

SO oder ähnlich opfern einige Größen dieser Erde Millionen an Menschen und Material für wahnwitzige Ideen und Vorhaben – mit immer den gleichen Zielen.

Fragen wir hier:

Kann Gott dieses gewollt haben?!
... − und ist dies im christlichen, menschlichem Sinne korrekt?
Die Antwort, wie sie Tausende geben werden, − ein klares Nein!
Krieg ist wie Reichtum, der Menschen Feind − aber alle „Oberen" schüren hieran und mischen damit.

Es fällt einem unendlich schwer zu glauben: Er, Got, hat dies gewollt.

Taucht die Frage auf: was die, die die Frage mit ja beantworten, sich dabei denken, was ist bei denen ein Menschenleben wert? Belohnt Gott sie etwa mit dem vorzeitigen Ableben? Wohl kaum − **SO**nst hätte er sie erst gar nicht ins Leben zu rufen brauchen.

Aber menschlicher Verstand und Erkenntnisse sind hier wohl fehl am Platz, Kriege gibt es seit Menschengedenken − al**SO**, **SO** sagen einige, ist er doch menschlich.

Da fragen Sie mal eine Mutter − was die dazu sagt − einen Vater − nein, der Mensch hat für ein friedliches Zusammenleben weder früher noch heute etwas getan, da sind **SO**lche Aussagen, wie sie von „Größen" immer wieder getan werden nach Frieden, reine Lügen − Unwahrheiten. Da macht auch die kath. Kirche keinen Unterschied, sie hat gerade in dieser Richtung jede Menge Dreck am Stecken − und versucht auch gar nicht, ihn loszuwerden.

Anders bei anderen Religionen, sie führen **SO**gar: *Heilige Kriege.*

Es muss „schon" ein gütiger Gott sein, der die Menschen in den Krieg schickt! Schickt, um seine Vorstellungen vom Weg „seiner Menschen" zu erfüllen?!

Richtig, er schickt sie ja gar nicht, es sind die, die das Sagen über das Volk haben. Die die Macht sich genommen haben oder die, die ihnen der Wähler gegeben hat. Oder, z. B. „gläubige?" Muslime, die wie die Kreuzritter animieren, anderen ihren Glauben aufzuzwingen und gegebenenfalls auch töten!

Aber auch diese müssen ja von „Ihm" dazu die Eingebung haben einen Krieg anzuzetteln!

Nur gibt es kaum einen Wähler, der den Krieg will, und nur wenige Muslime, die fürs Töten verantwortlich sind!

Muslime: *Was sie aus dem Koran ge/mach/en/t haben, widerspricht den Worten des Korans. Die meisten von ihnen leben immer noch nach den Worten ihrer heiligen Schrift. Der Teil, der sich radikalisiert hat, übt eine Brutalität aus, die schlimmer und menschenverachtender nicht sein kann. Sie haben nur ein Ziel: Beherrschung der gesamten Menschheit!*

Ihr ausuferndes Gebaren, das sie zurzeit zeigen, schadet ihrer gesamten Glaubensgemeinschaft – und lässt die wenigen Gläubigen darunter leiden!

SO wie sich diese Glaubensgemeinschaft heute gibt, ist vor ihr, in jeder Hinsicht, zu warnen!!

Aber, fragt man sich, warum gerade dieser Glaube einen **SO**lchen Zuspruch in der Welt, auf der Erde hat, **SO** gibt es nur eine Antwort: Die Ungerechtigkeit!

Dabei muss und wird, wer diese „Religion" nüchtern betrachtet, feststellen, dass auch hier das gleiche System herrscht und angewandt wird wie in allen anderen Glaubensgemeinschaften.

Denken wir zurück: Da gab es einst die Ritter, Raubritter, die das gleiche Ziel verfolgten. Da gibt es eine Religion – in Deutschland und – die – wenn – aus der Bibel etwas anderes interpretiert als darin steht und in ihren Glauben „Verordnungen" hinein bringt, die sie selbst, irgendwann, aus irgendwelchen Gründen – dazu „erfunden" hat.

Jeder Anhänger einer „Religion" muss dazu ein streng (?) Gläubiger dieses Glaubens sein, um an diese „Abweichungen" glauben zu können!

Auch Adolf wurde nicht gewählt, um Kriege zu führen. Ebenso wie Herr Bush und die anderen „Fürsten", die sich daran beteiligten.

Und hier taucht plötzlich etwas Merkwürdiges auf, man könnte sagen: Gott lässt keine Bäume in den Himmel wachsen – regelt das mit dem Krieg.

Gemeint ist nicht das „Ist die Not am größten, ist Gottes Hilfe am nächsten" – nein, hier dürfte stimmen: In der größten Not stehen (halten) die Menschen (das einfache Volk, das für die Kriege das Kanonenfutter ist) einfach am ehesten zusammen.

Dass es doch zu einem Krieg kommt, dass das „Volk" doch in diesen zieht, liegt daran, dass es einige von den oberen Etagen, den Generälen, gibt, die **SO** denken wie ihre „Herren".

Schließlich hat diese Armee ein Gelübde abgelegt!

Fazit daraus:
    Ob weltliche Institution oder christlich, kirchlich – alle regieren nach dem gleichen Schema – *es geht ihnen um Macht und Geld* – Reichtum, und dem damit verbundenen *eigenen* Wohlstand.
    Was nicht vergessen und übersehen werden **SO**llte:
    Man will sich einen Namen für die Zukunft machen – ein Denkmal setzen.

Doch wen schon interessiert dies noch in vielleicht hundert Jahren?
    Tot ist man ohnehin – und wer schon weiß, wohin man geht?

Hätte hier Wohlstand gestanden, wäre dies eine Verfälschung der Tatsachen, denn: Wohlstand **SO**llte etwas ganz Normales sein in einem Volk.
    Dass Wohlstand aber etwas ist, das leider nicht selbstverständlich ist, das weiß man, spätestens seit dem man weiß, dass es Arme gibt.

Ja, und Wohlstand, da spricht sogar die Bundeskanzlerin der Bundesrepublik im Jahr 2007 von: „Am Wohlstand **SO**llen alle teilhaben".
    Dabei müsste sie – als Pfarrerstochter – wissen, dass sie damit eine Unwahrheit ausspricht – eine Lüge.

Oder meint und geht sie davon aus, „mit teilhaben"; dass Arme und Reiche, dass Sklaven und Sklavenhalter damit – seit jeher - festgeschrieben sind.

Aber sie vertritt ja auch eine Partei, deren Ziel es war und ist, den Zustand von Arm und Reich mit dem, was diese Partei auch immer beschließt, zu zementieren – auf ewig!

Besteht da etwa doch, nicht nur, eine wörtliche Verbindung bei dem Wort „christlich" zwischen Kirche und Partei?

Ihr SOllte der Unterschied zwischen Reichen, Wohlhabenden, Armen und Hartz4-Empfängern eigentlich bestens bekannt sein – wie allen Anhängern ihrer christlichen Partei – auch wenn sie auf eine längere Tradition ihrer Partei dabei zurückblicken können – oder gerade deswegen. Oder hat es gar etwas mit ihrer Herkunft zu tun?

Und da wir schon bei dieser Partei sind, die wohl auf diesen „edlen" Worten wie „menschlich" und „christlich" ihre Wurzeln haben will, ohne zu wissen, was sie bedeuten und was sie bewirken SOllten, könnten, müssten.

Was dieses Verhalten zu deutlich zeigt – wenn man sehen will –: die Heruntergekommenheit dieser Gesellschaft.

Wie aber SOllen einem „einfachen" Mensch die Unterschiede in seinem Verantwortungsbereich bewusst werden, wenn die Schichten oben, ihm ein anderes, ein SOlches Verhalten, vorleben!

SO wie „Woher und Wohin" bleiben zunächst viele Fragen und Antworten dazu offen.
    Aber dazu später mehr!

Doch zuvor noch ein weiterer Grund, warum das/die Volk/er in die Kriege ziehen: „Sie", die Völker, sind schließlich nur die Sklaven, die Nummern heute, die den Anordnungen ihrer Sklavenhalter = Kaiser, König/e/INNEN, oder Minister-, Bundeskanzler Folge leisten müssen. Ganz SO, wie es die Verfassung des Landes vorsieht – oder auch nicht. Einen Grund dafür, findet man immer.

SO schön ist eben Krieg.

Resümee

Ein Resümee, eine Zusammenfassung an dieser Stelle ist eigentlich viel zu früh, aber dennoch. Es muss für mehrere Zeitabschnitte erfolgen. Denn jede Epoche enthält oder erfüllt ihre eigenen Voraussetzungen und Bedingungen.

Nennen wir es einfach Zeitabschnitt 1; 2; 3; 4; und sicher auch noch einen 5., der kommen wird, und kommen muss.

Zeitabschnitt 1;
Wenn alSO der Herr der Dinge, Gott, die Welt geschaffen hat, warum hat er sie, die Menschen, dann SO erschaffen und auf die Erde gesetzt, dass sie sich zunächst wie Tiere benahmen, benehmen mussten(?), und sie, wie es viel näher liegt, der Evolution unterworfen waren.

Die ersten Jahrhunderte, Jahrtausende waren sicher nur dem eines Animalen gleichzusetzen und werden hier mit in die Zeit der Entwicklung bis hin zur Bildung von Sippen oder Großfamilien genommen.

Was in den späteren Zeitabschnitten kommt und wichtig für eine Zusammenfassung ist, SOllte für diesen Zeitraum, der Übersicht wegen, fehlen.

Was bleibt, wäre die Frage: warum erst den Menschen schaffen – und dann, unsinnigerweise wieder vernichten – vom Globus verschwinden zu lassen. Ganz davon abgesehen, was mit der Erde selbst geschieht – denn unendlich ist sie nicht.

Zeitabschnitt 2;
Dies dürfte bis an den Zeitraum gehen, den wir die Steinzeit nennen. Die Entwicklung von allerersten Techniken ist vorhanden.

Zwangsläufig hatte man auch die ersten Titel zur Unterscheidung, wer was war, tat und konnte. Ein abSOlut notwendiger Schritt.

Jagen und Fischen und Behausungen bauen standen auf dem Programm und vieles mehr.

Und der Glaube? Man suchte nach dem Woher und Wohin, suchte nach dem Sinn des Lebens – und fand keine Antwort – damals SO wenig wie heute.

Man glaubte an irgendwas – hatte seine Götzen, *damals – wie heute!* Die Erkenntnisse der kommenden Jahrtausende fehlten natürlich – und werden nie vollständig vorhanden sein – dafür **SO**rgt der Mensch schon selbst!

Zeitabschnitt 3;
Hier wäre die Zeit bis zur Entwicklung der Dampfmaschine der geeignete Zeitpunkt.

Pyramiden und die Maja-Kultur, Stonehenge, die Chinesische-Mauer, 30jähriger Krieg und unendlich viele große Ereignisse lagen hinter der Menschheit, doch:

Das Gravierendste hierin ist aber wohl der sich entwickelnde christliche „Glaube", aufgrund von gefundenen Aufzeichnungen, und vor allem: von den Menschen befehligendem Willen, ihn unter seiner Macht zu bringen – ihn, seine „Kraft" für sich selbst zu nutzen.

Allerdings stellen sich die unterschiedlichen religiösen Gruppierungen sich selbst infrage: weil sie zwar einen Gott, aber sehr unterschiedliche Auslegungen in Bezug auf diesen haben und anwenden.

Die Frage aber: *Woher und Wohin, bleibt auch hier offen!*

Die Erkenntnisse, dass Titel und Besitz einem enorme Vorteile bringen – das Leben hier auf Erden wesentlich erleichtern und angenehmer machen – können, weil man immer noch nicht weiß „Woher und Wohin", führt zur Zunahme des Bestreben, auch zu diesen „Kasten" zu gehören.

Diese Erkenntnis ist inzwischen Hunderte von Jahren alt.

Menschlichkeit und Christlichkeit bleiben offensichtlich auf der Strecke oder gehen verloren. Dort, wo man als „Normalmensch" glaubt, dass diese Begriffe eigentlich eine Selbstverständlichkeit sind oder sein **SO***llten, selbst da wird* Menschlichkeit und Christlichkeit *mit Füßen getreten – oder missbraucht.*

Der Mensch, als Vorbild in Bezug auf diese eigentlich selbstverständlichen Eigenschaften, ist hier fehl am Platz – hat in sich die falschen Gene – benimmt und gibt sich z. T. wie ein Tier. (besteht *hier etwa der Bezug zu seiner Herkunft?) – und mancher, nicht nur, senile Genosse legt es ja auch **SO** aus!*

Deutlich sichtbar entwickelte sich eine sich Elite nennende Schicht, die meint und glaubt: sie seinen „*bessere*" *Menschen...*

Krieg und Frieden, Recht und Gerechtigkeit, Haben und Nichthaben, das alles bekommt mit jedem bisschen Mehr an Haben eines jeden, einen anderen Begriff. In den damaligen Zeiten – und nicht nur, z. T. auch noch heute, bis hin zum Urteil über Leben und Tod der unteren Kasten.

Im Laufe der Zeit haben weitsichtige Köpfe erkannt und gesehen, wohin die Reise der Menschen gehen wird, ja muss – auch wenn man **SO** tut, als gehe ihr Dasein immer **SO** weiter und würde nie enden.

Das aber will und darf man nicht öffentlich eingestehen. Unter den vielen Naiven, und von der, durch die Wohlhabenden geprägte Volksmeinung, würde **SO**nst eine Panik ausbrechen. Trotzdem; man hätte hier viel früher gegensteuern müssen, können.

SO *geht's nämlich nicht!*

Die andere Form von Krieg

Gäbe es keine Kriege, gäbe es auch das Wort Frieden nicht.
   Die Lösung läge doch auf der Hand aber:

*Kriege wird es, **SO**lange es Menschen auf dieser Erde gibt, immer geben! ... und sie werden noch zunehmen – noch brutaler!!*

Nicht, dass es bei diesen Formen des Krieges nicht um Menschen geht, nein, es geht zwar um Menschenleben, aber sie sind wie bisher, auch nur das Kanonenfutter – die Erscheinung am Rande, die für die Reichen selbstverständlich sind! Sklaven und Sklavenhalter – was zählen da schon die Sklaven.

SO wie die Menschenerde sich gibt, ist sie seit Jahrtausenden **SO** – und wird bis zu ihrem Untergang **SO** bleiben!
   Nur der erste Teil des Wortes „Menschen/erde" löst sich zuvor auf, bestehen bleibt die Erde, und der Mensch wird als Erster gehen – müssen!

Und ihr Untergang?:
   An diesem arbeitet sie jetzt unübersehbar mit – sie ist die neue, andere Form von Krieg – sie „kämpft" sichtbar gegen den Menschen – will ihn loswerden – wird ihn los!

Wusste man früher nicht oder kaum, was man tat, wenn man etwas tat, **SO** gibt es doch heute, und das kann man durchaus für die letzten über vierzig Jahre zurück sagen, eben**SO** wenig, was man nicht weiß – was die Menschen und ihr Überleben angeht.

SO wie die Globalisierung z. T. auf einigen Sektoren voranschreitet, nein, viel, viel schneller schreitet die Zerstörung des Lebensraums Erde für die Menschheit fort.

Dies weiß man seit über vierzig Jahren auf allen Regierungsebenen – doch erst heute fängt man an – fadenscheinig – etwas dagegen zu unternehmen – immer noch mit dem Ziel, den Wohlstand für die Reichen zu mehren und das unvermeidliche Geschehen des schnelleren Endes der Menschheit, herbeizuführen.
   Spätestens seit dieser Zeit weiß man:

> **… von der Erderwärmung, dem Anstieg der Meere, mit Überflutung vieler Länder, und Veränderung der Wetter.**

Von der Tatsache, dass der Golfstrom aufhört zu strömen – weil die Erde sich erwärmt – das Eis der Pole abschmilzt und die Abkühlung des Golfstroms abnimmt.

Aber seine Folgen will man nicht sehen wie bis vor wenigen Monaten; *wo nichts von diesem anerkannt wurde!*

Vom „Dahinschmelzen" der Berge mit ihren Folgen. Alles wird plattgemacht – so „platt", dass kein Mensch mehr auf diesem Globus leben kann.

Hat sich schon in den siebziger Jahren des letzten Jahrhunderts eine ungenannte Anzahl von Idealisten mit diesen Themen befasst und gewarnt, SO verhallte ihr Tun fast ungehört – man hätte ja noch gegensteuern können.

Erst heute bekommen Personen wie Al Gore oder Frau Merkel die Lorbeeren, die ihnen gar nicht zustehen, denn jeder der ein klares Gedächtnis hat, wusste, was geschah und geschehen wird, ja muss.

Doch die Vorkämpfer, die vor dieser kommenden Katastrophe warnen, werden unbenannt bleiben.

Ist es wichtig, ob ihre Namen bekannt sind? Wenn alles zu Ende geht und platt ist, zählen auch alle anderen Namen nicht mehr.

Die Umweltverschmutzung, mit Krankheiten, die bisher unbekannt waren, und Trinkwasserverknappung weltweit und, und, und.

Die Umweltbelastung durch Ab-Gase, wie Ruß, Co2, Methan, Dioxid und, und, und.

Nicht zu vergessen: Das Atom, *hier zeigt der Mensch, nein die Reichen, ihre wahre Größe!*

Nicht minder beim Auto, beim Verkehr!

Beides, und vieles mehr, sind Beweise dafür: dass vielen sehr viel im Geiste fehlt – und vor allem Menschlichkeit und Christlichkeit fremd sind.

Von der Schneeschmelze an den Gletschern, mit ihren weltweit reichenden Folgen, die aber auf vieles zurückzuführen sind.

Mit dem Anstieg der Meere weltweit.

Mit dem Untergang von Ländern, Flucht vor den Fluten und Austrocknungen der Wüsten. Von Vernichtung von Lebensraum wo auch immer, und??!

Aber lesen Sie dazu an anderer Stelle.

Betrachten wir das Bild auf der nächsten Seite, das nur eine kleine Einsicht in die Verschwendung zeigt: da bei normalen Witterungs-Verhältnissen nicht genug Schnee liegt im Winter, verpulvert man hier, um an Geld zu kommen, an diesem kleinen Hang, mit (7) Schneekanonen teure Energie, um die Lust und das Vergnügen einiger zu befriedigen!

Vom Raubbau beim Oel und Gas, Kohle und Holz, von zig Nebenwirkungen, die diese haben und die Erde verändern werden.

Die Erde ist eine an den Polen abgeflachte Kugel und **SO**mit ein Behälter. Entnimmt man diesem ständig ein Wenig von seinem Inneren, so kommt, was kommen muss – es sagt, ohne die weiteren anderen Größen, die in der Erde ständig für Veränderungen **SO**rgen – peng – und das war`s dann schon.

Den Umgang mit Wasser nicht zu verschweigen.

Dass die zuvor genannten Ressourcen knapper werden und zu Ende gehen, ist einfach nur Tatsache.

Doch der von Herrn Bush und … geführte Krieg im Irak beweist uns: Es geht nicht um Demokratie, nein, es geht um die Bodenschätze des Landes – und „ER", der weltliche Herrgott bestimmt zur Zeit, was gemacht wird!
Die Parallele dazu: der Anstifter des Zweiten Weltkriegs!
Dass dabei die Sklaven geopfert werden, ist absolut drittrangig – Sklaven waren und sind ja auch heute noch keine Menschen.
Sind aber die anderen etwa welche – im christlichen Sinne gar?

Übrigens: Wäre zu Beginn des Irak-Kriegs die jetzige Kanzlerin schon an der Regierung gewesen, könnten wir sicher sein: Auch deutsche Soldaten wären dort als Kanonenfutter hingeschickt worden – eine christliche, demokratische Kanzlerin – gewählt von einer eben**SO** christlich, demokratischen Wählerschaft – oder etwa nicht?!

Als hätten wir nicht genug Probleme im eigenen Lande. Frau Merkel schickt **SO**ldaten in eine Anzahl von Ländern, wo sie eigentlich nichts zu suchen haben.
*Statt die Armen in unserem Lande besser zu ver**SO**rgen, werden Millionen und Milliarden für fremde Länder ausgegeben.*
Milliarden Euro, die sie den Armen vorenthält, und den Reichen durch Lieferung von entsprechendem Militärmaterial zuschaufelt!
*Eine christliche Kanzlerin al**SO**!*

Richtig: *Das ist ab**SO**lut wichtig und richtig.*
Denn eine Welt, eine Menschheit ohne gegenseitige Hilfe und Beistand, dürfte es – eigentlich – nicht geben!
Nur: Das Geld dafür muss von anderer Seite, aus anderen Töpfen kommen, von denen, die Überfluss haben, im Geld schwimmen.

Und weil hier schon über einige schlimme Fehler der Regierenden gesprochen wird, die oft gehörte Aussage, hier von Herrn Professor Rürup:

„Jeder Arbeitslose weniger stärkt den Umsatz der Wirtschaft"
(Tagesthemen vom 07.011.07)

Was der Herr Professor – wie viele andere, die diesen Ausspruch schon tätigten, nicht sagte: wie z. B. ein Hartz 4- oder gar ein EIN-EURO-JOBBER dies werkstücken **SO**ll und wird.

Da fragt sich jeder „Mensch", der Mensch ist und wie ein **SO**lcher handelt – von denen es aber viel zu wenige auf diesem Globus gibt: Was sind dies nur für Geschöpfe, die **SO** etwas von sich geben?

Die Antwort: *Sie sind einfach nur satt, und haben jede Verantwortung für ihre Mitmenschen verloren.*

Doch: *Es muss immer wieder daran erinnert werden, dass es da eine Partei gibt, deren festgeschriebenes Ziel es war und immer noch ist und für die Zukunft auch bleiben wird, den Zustand, wie er z. Z. in Deutschland und der Welt vorherrscht, noch fester zu zementieren – SO wie es seit Jahrzehnten bei dieser vonstattengeht.*

> *In anderen Ländern können diese gleichgesinnten Parteien auch andere Namen haben!*

Auch wenn Sie diese Schreibweise verurteilen, es ändert sich wenig an der Tatsache, dass es **SO** ist.

Und:

Wer an anderer Stelle nachliest, wird lesen können und müssen, warum.
Wie schön auch die einzelnen Auflistungen sich vielleicht für den einen oder anderen lesen und sind. Es ist aber deren Anzahl, die zu einem Ganzen der kommenden Katastrophe wird!

Selbst der jetzt eingeläutete Versuch gegenzusteuern wird und muss scheitern, denn zum traurigen „Glück", funktioniert hier die weltweite Seilschaft nicht – und alles was getan wird, geschieht – bewusst, halbherzig und zunehmend gieriger!

Wenn es darum geht, wer der Größte ist, wird es keine Einigung unter diesen Menschen geben!

Eine einzige Sparte dieser störanfälligen Größen könnte man vielleicht noch korrigieren – wenn es nicht die Erde selbst täte. Doch alle diese Störgrößen zusammen – und so kommen sie ja leider – lösen die Erde auf eine andere, ihr ganz persönliche Art.

Wir, die Menschen, ver/brauchen zum Über-Leben, gleich wie wir es leben dürfen, immer etwas von den wertvollen Ressourcen.
    Doch wie die Menschheit es in den letzten Jahrhunderten verlebte, tut es der Erde, dem Überleben, der Zukunft der Menschen nicht gut.

Sieht man sich nur den Prunk der letzten Jahrtausende an, den man in vielen Orten, Kirchen, Schlösser, Burgen und was sonst immer man sehen kann, kann man nur sagen: Die Schere zwischen Reichen und Armen wird immer deutlicher – und mit ihr oben aufgeführte Erscheinungen und Folgen.

Da fallen, trotz der Erkenntnisse die man heute hat, Entscheidungen auf Regierungsebene/n an, die mehr als menschenverachtend sind und fast an Größenwahn grenzen – nur weil man sich einen Namen, für`s Nachleben machen will.

Nehmen wir nur mal die schöne Stadt Dresden: Hier sehen wir deutlich, ja zu deutlich, *wie die Menschheit schon immer unter ihren „Herrschern" gelitten hat* – oder aber in Sau(s) und Braus – je nachdem wo man stand und lebte.
    Und der Wiederaufbau der Frauenkirche? Nicht, dass man etwas dagegen haben kann, nein, sie ist wunderschön geworden.
    Doch was man dabei völlig vergisst: wie viele Bürger dieses Landes Hunger leiden. Was aber genauSO schlimm ist: wie viele nicht wissen,

wohin mit ihrem Vermögen – die diesen Neubau hätten finanzieren können...

Doch halt, hier scheint sich etwas Unwahres einzuschleichen. Wer kennt schon einen Reichen, der nicht weiß, wohin mit seinem Geld, oder der genug davon hat.

Und schließlich leben wir in einem „gerechten" Staat, der sich Richtlinien und Gesetze gegeben hat, die Gerechtigkeit und Sozial als Leitlinien hat, wie zum Beispiel den:

Artikel 14 Absatz 2
Eigentum verpflichtet. Sein Gebrauch soll ...

Ja, zu was verpflichtet es dann?
zum Wohle der Allgemeinheit – nicht!

Hier gegen verstößt jede Regierung, ja und manche/r Richter/IN. Oder kennen Sie einen, der anders „Recht spricht"? gesprochen hat? Es von seiner Zunft her darf?

! Doch**,** es gibt auch hier, wie immer einige, die verbrieftes Recht zu Recht sprechen – wenn die Demokratie keine Einwände hat!

Es wäre falsch, Dresden als alleiniges Beispiel stehen zu lassen, es gibt eine Unmenge **SO**lcher Beispiele auf der ganzen Erde dafür, und sicher auch noch größere, verschwenderische.

Das Schlimme daran: Es geht alles auf „Knochen" der Kleinen.

Denn: Ohne den kleinen Schienenritzenreiniger wäre auch der
große „Boss", nur eine Niete!

Denkmale

Denkmale; in angemessener Zahl, ja.

In Deutschland, dem Land, in dem Sie und ich und Millionen anderer Menschen leben wie in Europa und den anderen Ländern der Erde auch, ist die Kultur der Denkmale eine große, und wird von allen Regierungen gepflegt.

Doch keiner fragt sich: Was kostet dieses – und schon gar nicht, wie viele Menschen könnten von diesen Beträgen, Summen, menschenwürdig ernährt werden.

Richtig: Die, die dieses entscheiden, deren Geld ist es nicht!!!

Und die, die es bringen müssen, sind Menschen, die unterhalb derer leben, die nicht zur „in Überfluss" lebenden Sparte Menschen gehören.

Nehmen wir nur mal das Holocaust-Denkmal in Berlin.

Da fällt, wenn man es fast schon vergessen hat, einem ein, man könnte ja, weil man „zu viel" Geld im Haushalt hat, für irgendwas etwas ausgeben. Und weil gerade dieses ein Prestigeobjekt werden SOll – und die Welt sehen SOll, wie edel man doch ist – und war – dies fürchterliche Geschehen, Zweiter Weltkrieg – ja gar nicht wollte, plant und baut man ein Denkmal, das mindestens fünf Mal größer ist, als es hätte sein müssen – als Denkmal.

Will und wollte man SO seine Schuld sühnen oder richtiger, diese eingestehen? ... , obwohl sicher nur noch wenige Verantwortliche und Täter leben!

SO wird z. Z. ein Denkmal nach dem anderen gebaut, und alles in Ausmaßen, die eines Denkmals eigentlich unwürdig sind.

Kostet der Bau eines SOlchen nicht schon genug Geld, SO frisst die Unterhaltung auf die Dauer, die Jahrzehnte gesehen, oft ein Vielfaches dessen.

SO und ähnlich verhält es sich mit vielen Sachen in diesem (und anderen) Staat/en.

Die Lasten dafür tragen ganz alleine die nachfolgenden Generationen – eine Unverantwortlichkeit SOndermaßen – ein Verbrechen, wie vieles, was getan wird von den Verantwortlichen dieser Zeit, auf Kosten, der „kleinen Leute"!

Dass die von ihnen selbst gestrickten Gesetze ihre Fehlhandlungen decken, dafür haben sie geSOrgt – und selbst ihre/unsere Überwachungsorgane spielen da mit.

Nehmen wir mal die „hohen" Gehälter der Abgeordneten, Minister, Kanzler/IN und Bundespräsidenten – die auch nach ihrem Ausscheiden aus dem Amt Bezüge beziehen, die auf keinen Fall berechtigt, sondern menschenverachtend sind. Denn: Ein normaler Bundesbürger bekommt eine Rente, die einen Bruchteil von dem ausmacht. Von dieser muss er seinen Unterhalt auf allen Ebenen bestreiten – und im Normalfall reicht dies auch aus!
   Vorausgesetzt: Er hatte eine Vollbeschäftigung und konnte von seinem Einkommen etwas für seine Rentenzeit zurücklegen.

Wo dies nicht der Fall ist und war, sieht die Angelegenheit trübe aus! Wie SOll ein Hartz IV-Empfänger je sich selbst eine überlebensfähige Rente aufbauen, wie ein Arbeitsloser. Die Zeche zahlt dann der Steuerzahler – der „kleine Mann"!

Dagegen SOllte ein/e/r der oben Genannten, sich doch ein sicheres Polster beiseite geschafft haben können und bräuchte eigentlich nicht mehr an Pension als ein Normalbürger an Rente. Er hat ja ausreichende private Absicherungen für seine Auszeit zurücklegen können!

Auch hier tut sich eine Lücke im Recht der Völker auf, die mehr als nur zum Himmel schreit.

Mit dem Ausspruch: *Der Hund scheißt immer auf den großen Haufen,* kam man früher vielleicht noch zurecht. Heute aber, in Zeiten einer „Demokratie", widerspricht dieser Satz der Demokratie und den darin verankerten Werten.
   Und man unternimmt nichts dagegen!

Gut, die Ansprüche einer SOlchen Person sind höher, doch im Alter, wo eigentlich jeder hat, haben sollte, was er benötigt, würde auch eine Pension ausreichend sein, die bis zum Fünffachen eines Normalbürgers betragen würde!

Mit den Rücklagen, die sich jeder geschaffen haben konnte, steht doch einem Pensionisten-Leben in Sau/s und Braus nichts mehr im Wege!!
   Nicht dass dieser Schicht dieses Geld nicht gegönnt ist, das was dahinter steht, ist etwas ganz anderes. Es ist der Beitrag zum Verlust einer besseren, sicheren Zukunft dieses Landes – die Zukunft der Menschheit!

Die zu zahlenden Summen für diese Personenkreise, dieser Luxus für vieles Nicht-sein-Müssende, schaukelt sich in Jahrzehnten zu einer Summe auf, von der keine Regierung je befreit wird.

Ein Verbrechen am Volk, von den gewählten Vertretern verursacht, die nie zur Verantwortung gezogen werden – können!
   Sie sind ja immun!

Hat man wohlschaffenden Jahrgängen Jahrzehnte lang gesagt: „Die Renten sind sicher", werden sie heute ständig gekürzt!
   Man schämt sich nicht; nach jahrelanger Nullrunde eine Erhöhung von 0,25 Prozent vorzunehmen, und sich selbst mit dem 10fachen zu beglücken!!!

Dabei treffen Preissteigerungen und Verteuerungen den kleinen Rentner genauSO wie den wohlhabenden Pensionist!
   Ein einheitlicher Erhöhungsbetrag wäre alSO mehr als gerecht!

Gar nicht zu reden von den Manager-Gehältern – sicher ein Traum jedes Abgeordneten!

Warum Gedenkstätten, Baudenkmäler und Weiteres, die unter Denkmalsschutz stehen? Die zuvor genannte Personenschicht im gleichen Kapitel zu erwähnen, hat nur den seit Jahren an Zahlen sichtbaren Grund: die Schulden, die dieser Staat für SOlche Zwecke investiert, zu rechtfertigen.

Wir werden seit Jahrzehnten von einer Schicht regiert, der jede Verantwortung für die Menschen, die sie zum Teil gewählt haben, verloren gegangen ist.

Immer neue Schulden, die sie ohnehin „ohne Verantwortung" immer wieder machen, führen mit tödlicher Sicherheit dazu, dass die untere Schicht diese Zeche bezahlen muss ... und dies ist da oben festgeschriebenes Gedankengut bei fast allen Parteien. Doch eine von diesen Parteien tut sich da besonders hervor – lenkt mit Parolen ab, die viele nicht durchschauen – wollen, können, die Mitläufer sind.

SOll dieser Personenkreis nicht alleine stehen bleiben, doch er ist es, der die Verantwortung dafür trägt. Auch dafür, dass es da noch „einen" gibt, der weit über ihrem Einkommen liegt – den Manager.

Dies alles wäre erträglich und nicht schlimm, würde es da nicht die Schicht in diesem Lande geben, *die unterhalb der Menschenwürde ihr menschenunwürdiges* Leben verbringen muss.

Hier hört man am laufenden Band etwas von Menschenwürde, Gleichheit und Gerechtigkeit, von einem einzigen Volk, von einer rosigen Zukunft.
   Nein, sie sagen die Wahrheit, entsprechend ihres Parteibuches und ihres Einkommens.

Und bei der Aussage zur Zukunft, lügen, verdrehen sie ihr Wissen über diese, zum eigenen Wohl und der, der Partei!

   Allein die Lebensweise der meisten Wohlhabenden belegt, dass keiner von ihnen an eine Zukunft der Menschheit glaubt, wie ebenSO an den Glauben an Gott!

Denkmale: Es gibt SO viele, dass eigentlich keine mehr benötigt werden. „Wir" haben genug davon: SOlle man lieber das Geld dafür denen geben, die es nötig haben. Doch das wäre nicht menschlich, der Zeit und dem Wissensstand der Eliten nicht entsprechend, doch unsere Welt lebt von und für „Eliten", von und für Menschen, die sich dazu zählen – die anderen sind die Skl...

Eine andere Menschheit

... wird es nicht – mehr – geben, dies wäre vor langer, langer Zeit vielleicht möglich gewesen – aber man hätte dieses Wollen wollen müssen!

Vor- und Quer-Denker in diese Richtung gab es schon, aber sie wurden und werden beseitigt, ehe sie zur „Gefahr" wurden. Zu schön war und ist doch ein Leben in Saus und Braus.

Würden mehr Menschen als jetzt das Leben eines Reichen und dessen Gesinnung kennen, es würde sich sicher etwas ändern.

Armut für alle ginge zwar, aber Reichtum für alle nicht, für alle ein wenig Wohlstand, das wäre aber möglich!

„Wohlstand" in Ruhe und Frieden!

Für „sie" sind die da unten doch alles (mit der berühmten Ausnahme) nur Sklaven, Personen, die ihnen den Reichtum bringen und sichern.

Als Mensch oder gar „Christ" – der man selbst nicht ist – wird man sie nicht achten oder bezeichnen.

Das ist ungeschriebenes Gesetz – auch in Deutschland.

Diese Einstellung hat sich seit Jahrtausenden in der Gesellschaft integriert, nein, eingenistet und wird, da man lange schon die Vorteile dieser Art Leben erkannt hat, mit allen Mitteln forciert und gesteigert, verteidigt.

Doch das geht nur noch begrenzte Zeit SO weiter.

Stellen Sie sich einmal vor, es gäbe eine gerechtere Verteilung des Reichtums auf dieser Erde. Was sich da alles ändern würde – müsste – könnte!

Gehen wir zurück, zum *Woher*.
Nehmen wir die Erde – eine fast Kugel.
Eine Kugel, die voll ist (war) – mit glühender Masse: Erdöl, Erdgas, Kohle, Erze und, und, und.
Ein Behälter alSO, der nicht leer, SOndern voll ist – war - und sich gleichmäßig um die SOnne dreht – im All existiert und bewegt.

Der Mensch entnimmt, beraubt, diesem Vorrats-Behälter immer mehr von seinem Inhalt.

Es bedarf doch wohl keiner Diskussion und müsste doch eigentlich auch dem dümmsten Reichen bewusst sein. Doch was geschieht?
Statt die Entnahmen aus unserem Globus zu reduzieren, werden sie noch gesteigert.
Gesteigert für zum Teil sinnloses Zeug, und, vor allen Dingen, zum Wohl und Vergnügen der Reichen.

Das nachstehende Foto zeigt, wie man mit Schneekanonen den Spaß von nicht Unbetuchten steigert, zum Wohle der Reichen.

Wir wissen, dass viele Leser dieses Buches das anders sehen – wollen. Tatsache aber ist: Es bleibt nicht mehr viel Zeit für …

SO wie die Schneekanonen einen nur kleinen Beitrag zur Katastrophe leisten, SO ist das Auto, der PKW mit seinen überflüssigen Leistungen, wie es die USA und Deutschland anbieten, ein viel größeres Übel. Nicht zu vergessen, die Luftfahrt in ihren jetzigen Ausmaßen, und vieles, vieles mehr.

Ist eine große Gefahr der Anstieg der Meere, SO zeigt auf der anderen Seite der Verlust von Wasser in den Wüsten doch ganz klar an, dass irgendetwas auf der Erde, ihr Verhalten aus dem Gleichgewicht gebracht haben muss!

Oder, wie oben stehendes Bild dokumentiert: der Morteratsch-Gletscher in der Schweiz, wo man seit Jahrzehnten, hervorragend, auf dem Weg zu seiner Zunge, alle 10 Jahre fest hält, wo sie einmal endete – wie weit sie reichte!

Doch was wird, was muss, mit diesem geschlossenen, geometrischen Behälter Erde einmal geschehen?

   Gehen wir den Vorgang einmal von den uns bekannten Größen und Abläufen an, wie: Physik, Chemie, Dynamik, Statik, Thermodynamik, Thermik und was da noch alles eine Rolle spielt, was wird und muss geschehen.

Bei der Physik, Chemie und ... – und, nennen wir es kurz und einfach, lassen die wissenschaftlichen Bezeichnungen und Erkenntnisse bei allen Größen weitestgehend beiseite – was in der Zukunft geschehen wird, kann **SO**wie**SO** keiner genau voraussagen, auch dieses Buch nicht. Doch auf eben genau dieser Basis, nur mit einem viel nüchternen und weiteren Blickwinkel ist anzunehmen; dass das Volumen in der Kugel abnimmt.

Bei der Kohle kann man dies deutlich sehen – die Erdsenkungen bei uns im Ruhrgebiet und ... zeigen doch seit vielen, vielen Jahrzehnten, was die Folgen sind – und hin und wieder treten erdbebenähnliche Vorkommen auf.

Diese Erscheinungen, die ja nach allgemeinem Volkswissen eigentlich nicht sein dürften, ja danach nur in erdbebengefährdeten Regionen vonstattengehen dürften, müssten doch, mit an Sicherheit grenzender Wahrscheinlichkeit, der Mehrheit der Menschen zeigen, dass wir diesen Globus nicht einfach nur **SO** „bearbeiten" können, wie wir wollen.

Noz 10.07

„Aufschwung kommt bei vielen Menschen nicht an"

DGB-Chef Sommer sieht „ernüchternde Halbzeitbilanz" der Großen Koalition

Von Jens Peter Dohmes

OSNABRÜCK. Das Interview, das DGB-Chef Michael Sommer unserer Zeitung gegeben hat, hat folgenden Wortlaut:

Herr Sommer, Bundeskanzlerin Angela Merkel hat in dieser Woche im Bundestag festgestellt, der Aufschwung in Deutschland komme bei den Menschen an, und zwar immer stärker. Teilen Sie diese Einschätzung?

Die Entwicklung der Arbeitslosenzahlen ist ausgesprochen positiv, und das freut uns, auch wenn er kein Verdienst der Regierung oder der Agenda 2010 ist. Der wirtschaftliche Aufschwung kommt allerdings bei vielen Menschen nicht an. Nach wie vor driftet die Vermögens- und Einkommensverteilung in Deutschland auseinander, und neue Jobs entstehen vor allem in der Zeitarbeit sowie in befristeter und/oder prekärer Beschäftigung. Ältere Arbeitnehmer werden zwar nicht mehr so häufig aus den Betrieben hinausgeworfen. Diejenigen aber, die arbeitslos sind, haben immer noch keine besseren Chancen.

Macht die Große Koalition gute Politik für die Arbeitnehmer?

Eher nicht! Die Unternehmensteuerreform war nichts für die Arbeitnehmer, die Mehrwertsteuererhöhung und die Kürzung der Pendlerpauschale belasten sie sogar erheblich. Die Rente mit 67 wird von den Arbeitnehmern mit Recht als Rentenkürzung begriffen und abgelehnt. Die Gesundheitsreform wird sich negativ auf die Beschäftigten auswirken, weil sie die Aufkündigung der Solidarität bedeutet. Bei Mindestlöhnen sind wir noch nicht weiter – selbst wenn es offenbar eine Lösung im Postbereich geben wird. Insgesamt ist die Halbzeitbilanz der Regierung also eher ernüchternd und negativ.

Derzeit wird über einen Linksrutsch der Parteien diskutiert, gerade bei der SPD und den Grünen. Sehen Sie diesen auch?

Bei der SPD hat es wieder eine deutliche Hinwendung zu sozialdemokratischen Werten und Zielen gegeben. Damit ist die Partei auch gut beraten, denn nur das kann ihr helfen, aus den Umfrage-

tiefs wieder herauszukommen. Dass sich in der Frage einer Grundsicherung bei den Grünen ein realistischer Kurs durchgesetzt hat, ist gut – auch für ihren Dialog mit gesellschaftlichen Gruppen wie mit uns. Ob man dort von einem Linksrutsch sprechen kann, wage ich zu bezweifeln.

Und die CDU?

Wenn wir noch über einen Linksruck in der CDU nun wirklich kennen! Wenn ich ...

Michael Sommer

Das Interview im Wortlaut

Entwurf für das Grundsatzprogramm sehe und vor allem im sogenannten ... formuliert ist, d ich nur sagen: V klare Kampfans soziale Repub über Bündnis die Tarifauto hebelt werd den Kündi schlechter Löhne w dem. In cherung solidar führt ande Che zal d le d

Trotz der Schockwellen wegen misshandelter und verwahrloster Kinder findet die Koalition keine einheitliche Linie zum Thema Kinderschutz. Die SPD stößt mit dem Vorschlag, Kinderrechte in der Verfassung zu verankern, auf massiven Widerstand der Union.

Ist der Deutsche Gewerkschaftsbund an den Arbei... Grundsatzpro... ...et worden?

...he zwi...

Welche Rolle spielt die Bundeskanzlerin Angela Merkel ...?

...oben mit ihr eine angebliche „atmosphäre nd nicht we... m mit ihr etli-...ereden. Aber ist, was hinten ist. Und das ist ... nicht viel.

...uch Sie, wie viele ...er es tun, dass in ...liebenen zwei Jahr...Legislaturperiode ...ch Wahlkampf ge... und keine effektive ... mehr gemacht wird? ...r haben durch die ...diagswahlen ständig ...nikämpfe, und das führt ...hen Polarisierung. Nichts... ...estotrotz stehen noch etli...die Reformprojekte an. Al...lein, mir fehlt beider Großen Koalition der Glaube, dass wir da wirklich noch weiter... kommen. Das ist bedauer... lich. Denn gerade von ihr er... warten die Menschen, dass sie die Probleme dieses Lan... des löst.

politisch. Aber offensichtlich schafft sie diesen Schritt noch nicht.

Union gegen Kinderrechte in Verfassung

Gehb: Weckt falsche Hoffnungen

Gespräch mit unserer Zeitung
v N 14.12.07

dpa/ab BERLIN. Der rechtspolitische Sprecher der Unions... im Bundestag, Jürgen Gehb (CDU), bezeichnete es im Gespräch mit unserer Zeitung als gefährlich, spezielle Kinderrechte in das Grundgesetz aufzunehmen ...

...schreiten. Im Übrigen gibt der allgemeine Grundrechte-Kata... ...log Kindern ebenso wie allen anderen Menschen umfas... sende Rechte. „Für den Rechts... experten ist klar: Für den Rechts... ger vom Grundgesetz umfasst. So edel das als Motiv ist: Wir sollten die Fin...t... Während die Union nach oder eine weitere Staatssäule ... dringen SPD, Grüne und Linke gefestlegten Kinderschutz auf besonderen Kinderschutz im Grundgesetz ... SPD-Chef Kur... ...bstreifen ... „...Piste...

51

Zu vorstehenden Artikeln:
Wie schon immer, seit man zurückdenken will: Auch dieser Aufschwung kommt nur den Reichen und Wohlhabenden zugute.
Das belegt der andere Artikel der Partei, *die sich christlich nennt und angeblich „alles dafür tut", dass es den Kindern und dem ganzen Volke besser – oder sagen wir mal – gerechter geht.*
Wie sagte die Kanzlerin der Bundesrepublik Deutschland mehrfach ganz laut: *Alle SOllen am Wohlstand teilhaben!*

Und was hat der Mensch daraus gelernt?

Was aber wird beim Gas, beim Erdöl geschehen? Auch hier wird es sich auf Dauer nicht anders verhalten – die Schäden sichtbar/er werden.

Dass dies **SO** ist, hat z. B. auch der Versuch, die Wärme aus diesem Behälter Erde als „ewigem" Erdwärme-Speicher zu nutzen – in der Schweiz – nur zu deutlich gezeigt.

Geht man ihr, der Erde – zu sehr und zu spontan an „die Wäsche", reagiert sie auch spontan – was ganz natürlich ist!
  Dass dies bei jeder anderen „Tiefenbohrung" geschehen kann, ist völlig selbstverständlich.
  Bei der Entnahme von Öl und Gas, wo es sich ähnlich verhält – nur langsamer. Auch hier schrumpft das Volumen, der Druck im Gestein, Erdschicht, unterirdische Speicher, Seen, Spannungen und Risse entstehen, Erdsenkungen und Beben sind die Folgen und mit ihnen Verletzte und Tote. Von den Zerstörungen gar nicht zu reden.
  Treten diese Beben im Meer auf, entstehen Seebeben, **SO**genannte Tsunamis mit Folgen, die verheerender sein können als ein „normales" Erdbeben.
  Und Erdbeben sind die Folgen der normalen Schrumpfung, aufgrund der Auskühlung, Aktivitäten der Vulkane und der Entnahmen durch den Menschen.

Und oben auf dieser Kugel befindet sich eine „Abdeckung", eigentlich das, was wir als Erde bezeichnen, mit Ebenen, Steppen, Wüsten, Tälern,

Bergen, Seen, Ozeanen – und **SO** rotiert die Kugel Erde seit Millionen Jahren im All.

Dem Anschein nach muss sie **SO,** wie sie war – noch ist – statisch, doch ziemlich ausgewuchtet sein, **SO**nst müsste sie längst ins Trudeln gekommen sein.

Wissen wir doch: dass auch das Weltall, das Universum in ständiger Veränderung sich befindet, und ein einziger Treffer eines Meteoriten die Erde vernichten kann.

Doch der Mensch tut und lebt SO, als würde sich nie etwas ändern!

Fehlt da noch etwas Erwähnenswertes:
Die Vulkane und ihre bis an die Oberfläche reichenden Verbindungen vom Magmakern im Erdinneren.
Gelegentlich zeigen sie uns durch ihre Tätigkeiten, dass unsere „Kugel"(noch nicht) nicht leer ist und ständig sich bewegt.
Können wir doch auf Lanzarote, am Feuerberg, dem Montan`as del Fuego die Nähe der Magma deutlich sehen und wahrnehmen, und anderenorts auch – wie auf Island und …

Eine – theoretische – Energiequelle für Jahrtausende!

Und die Erdbeben, die wir ständig über uns ergehen lassen müssen.
Was zeigen und sagen die uns?
Entgegen den Wissenschaftlern und Experten vertreten – nicht nur – einige die Meinung, dass ein Erdbeben sich jederzeit und an jeder Stelle unserer Erde ereignen kann.
Dennoch: Es gibt Gebiete, Stellen, die hierfür besonders anfällig sind, ja sein müssen.
Die Gefahren dieser Tatsache; dass wir auf einem Feuerball sitzen, mit seinen sich daraus ergebenden Geschehen, wird den meisten doch kaum bewusst – wie vieles, was auf dieser Erde falsch läuft – auch!

Vogel-Strauß-Politik, *ist doch bei den meisten angesagt, wenn es um Verantwortung geht!*

Fragen wir, warum haben wir **SO**lche Vorgänge zu verzeichnen:

Klar, auch das Magma der Erde, geschützt durch den Mantel, die Erdoberfläche, kühlte ja (ständig) in den Jahrmillionen ab. Es gibt hier zwar die Erdkruste als Isolierschicht, sie aber entspricht nicht der „neuesten Wärmeschutzverordnung für's Bauen".

DA HAT WOHL DAMALS NIEMAND DARAN GEDACHT; DASS DER MENSCH ES NICHT VERSTEHEN WILL; DASS ER SICH EIGENTLICH DEN GEGEBENHEITEN HIER AUF ERDEN ANPASSEN ODER BESSER UNTERWERFEN MUSS! – UM ZU ÜBERLEBEN!

Das stand, wie fast alles bei diesen Regierungen, schon seit den 70iger Jahren auf dem Programm, wurde aber um mind. 40 Jahre verzögert – erst festgeschrieben?

„Wir" haben ja noch **SO** unendlich viel Zeit, alles zu regeln und vor allem, besser zu machen – da wir ja ständig Neues entdecken und dazulernen! Schließlich währet die Erde schon „ewig" – aber ohne „uns".

Ein Beispiel für die Unbelehrbarkeit des Menschen sind doch der Vesuv, der Äthna.

Obwohl es hier immer wieder „brodelt", ja schon Tausende getötet und Orte unter sich begraben wurden, baut man ständig näher an diese Gefahrenquelle heran. Es ist wie beim russischen Roulett.

*Will man, wollte man sich unbedingt für ein umfangreiches Buch an Themen festhalten, eine „Schwarte" rausgeben, man fände mit jedem Wort, jedem Geschehen eine Möglichkeit dazu. Doch hier **SO**ll nur das Wie und Warum, Wie**SO** angesprochen werden, doch sicher geht dabei vieles, was wichtig wäre zu erwähnen, verloren.*

Handeln und verkaufen

Stand zunächst nur die Selbstversorgung an, das Beschaffen von Essbarem und BeSOrgen von wärmenden Sachen, **SO** wie eine vor den Unbilden der Natur schützende „Unterkunft", trat zunehmend der Tausch von Dingen in Erscheinung, die man erübrigen konnte oder gegen wichtigere, lebensnotwendigere Sachen mit einem anderen wechselte, tauschte.

Dann kam auch das hinzu, was man als Luxus bezeichnen kann.

Hatte man Zeit übrig um Dinge zu tun oder zu schaffen, die man persönlich nicht brauchte, mehrfach hatte, **SO** lernte man schnell dazu, wie schön es war, sich mit Gegenständen im Tausch zu verSOrgen, die man selbst nicht hatte oder herstellen konnte. Da war es nicht mehr weit, bis man merkte: Wer gesund war und arbeiten wollte und konnte, der hatte schon in den Anfangsjahren der Menschengeschichte ein besseres Leben.

Da sich dies ständig änderte und steigerte, ja mit Titeln verbunden war, lernte man ebenSO schnell dazu.

Doch etwas bremste den Aufstieg manchmal schon: Es war die List und Tücke und die fehlende Kraft des Körpers, die in der frühen Menschheitsgeschichte ja unbedingt für ein Emporkommen erforderlich waren.

Kraft; die Kraft des eigenen Körpers war zu Beginn das „Geld, die Macht", die man heute benötigt, um Stärke zeigen zu können.

Stärke heute, wer selbst die Kraft nicht hat oder aufbringt – der kauft sie sich heute. Menschlich und christlich spielt, wie bei fast allen anderen Vorgängen, nur eine Werberolle.

„Schwäche müss/te der Vernunft und Güte weichen", bis in unsere Tage!

Die Frage, ob der Mensch wirklich ein Mensch ist, ist eigentlich mehr als überflüssig, denn täglich beweist er millionenfach, dass er keiner ist!

Das, was als selbstverständlich bezeichnet wird, ist das *ungeschriebene Gesetz, dass es Reiche, Superreiche und Arme geben muss – Sklaven und Sklavenhalter.*

Das ist das, was die Wohlhabenden sich unter einer einzigen gerechten Menschheit, im menschlichen und christlichem Sinne, seit Jahrtausenden, vorstellen und wünschen, ja ständig durchzusetzen versuchen – bis zum heutigen Tag!

Hatte man in früheren Zeiten wenig oder keine Ahnung und Erkenntnis von den Zusammenhängen auf dieser Erde, **SO** ist man heute und seit einigen Jahren damit **SO** weit, dass man weiß, was man tun und lassen muss (müsste), um noch etwas auf diesem Globus leben zu dürfen.

Diese Möglichkeit aber wurde vergeben – bewusst vergeben!

Gelebt wird seit Jahrtausenden nach dem Motto: Für die regierenden Schichten werden die Armen benötigt, um ihnen den Wohlstand zu garantieren!

Die Aussagen, *im „Totengräber der Demokratie ... "*, können alle nur bestätigt werden!

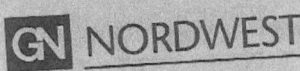

GN. 27.12.06

Wulff warnt vor Konflikten durch zunehmende Armut

REGIERUNG „Integration Schwerpunkt der Landespolitik"

Der niedersächsische Ministerpräsident Christian Wulff (CDU) hat vor den gesellschaftlichen Folgen durch Armut und Ausgrenzung gewarnt. Niemand dürfe verloren gehen, sagte der Politiker

HANNOVER/DPA – „Wir beobachten mit großer Sorge, wie mehr Menschen am Rande der Gesellschaft stehen", sagte Wulff der Deutschen Presse-Agentur (dpa) ‚– Hannover. „Wir müssen ... wir Bonach-

beunruhigend, niemand darf verloren gehen." Der Staat müsse in Problemfamilien daher früher als bisher eingreifen und Eltern bei der Erziehung ihrer Kinder durch pädagogisches Fachpersonal besser unterstützen.

„Hier hat es in den letzten Jahren einige Versäumnisse gegeben, weil der Staat der Meinung war, dass alle schon mit ihren Kindern zurecht kämen", sagte Wulff. „Dass jedoch einige zur Erziehung unfähig sind, ... auch angesichts ... ...laffens

Ministerpräsident Christian ... Wulff.   FOTO· ·

Ein Mensch mit menschlichem, christlichem Charakter gar? Oder ein Heuchler?

Doch was unternimmt dieser Herr dagegen wirklich? – Schließlich ist er Mitglied einer Partei, die die Reichen fördert, auf Kosten der „Kleinen Leute".

Einer Partei, die eigentlich nur die Reichen vertritt; um aber ausreichende Wählerstimmen zu erhalten sagt sie von sich, sie sei „die Partei der Mitte".

Doch die „Mitte" sind nur Mitläufer – Erreichen ihr Ziel nie! –
SOllen es auch gar nicht! Und dürfen es auch nicht!
SOll ihr System weiterhin funktionieren!

Die „Mitte", eine Masse, die naiv ist? Und ..., nein, ungläubig können sie ja nicht sein, schließlich wählen sie ja eine „christliche" Partei oder?!
    Was aber sind sie dann?!
Und *der Herr, der vor der Armut warnt, der Gefahr!? Für wen?*
SOlch „lockere" Reden von ihm sind nichts Neues, könnten aber genau**SO** gut auch von einem anderen Politiker stammen

SO – Was ist es?!

Was ist es? Was ist was?
    Was es war und ist, dass diese Begierde, diese Gier nach Haben und Macht sich in den Jahrtausenden der Menschheitsgeschichte **SO** gesteigert hat?

Die Aussagen und Antworten im Einzelnen und exakt, vielleicht noch wissenschaftlich und rechtlich (?) zu untersuchen und niederzuschreiben, **SO**ll hier unterlassen werden. Es reicht, wenn hier die Erfahrungen aus einem Leben mit Höhen und Tiefen, mit geltendem Recht und Rechtsmissbrauch von oberen, dem Recht verpflichtenden Stellen, Behörden, beleuchtet und wiedergegeben wird.

Die in Jahrtausenden festgeschriebene Tatsache von Sklaven und Sklavenhaltern, von Arm und Reich, wurde wegen der Vorteile, die die oberen Schichten genießen, immer weiter perfektioniert – die Menschlichkeit nur noch als Schlag- und Werbewort benutzt. Wohlstand für alle, wie uns Politiker immer wieder vorreden, ließ viele glauben, sie gehörten dazu.

Ja, es stimmt: dass heute, mit schuldenfreiem, angemessenem Haus und Garten, einem gehobenen Mittelklasse Auto, einer festen Arbeit, wohlmöglich noch intakter Familie – und vor allem gesund, sich jeder als wohlhabend bezeichnen kann.

Wenn dem **SO** ist, dann sei, ist die Frage berechtigt: Wo stehen die anderen, die Oberen – und leider auch die Unteren!
Wohlstand, Gleichheit und Gerechtigkeit sind nicht nur Worte, **SO**ndern sagen jedem, der es verstehen will, etwas über das Zusammenleben und die Zukunft der Menschen aus!

Dass diese zuvor genannten Worte nur reine Farce sind, ist leider bittere Tatsache – und man ist oben dem Anschein nach so blö.., geistig bescheiden, dass man nicht erkennen will, was man damit, dadurch, bewirkt.

Anscheinend glauben und meinen sie, dass das, was sie tun, bis zu ihrem Ende reicht und gut geht.

Wie schnell „sie" hierbei irren können, beweisen die letzten 40 Jahre. Die Jahre, seitdem die Veränderungen durch die Umwelt bedingt sich zeigen.
Alle, aber auch alle, die Verantwortung tragen, tun **SO,** als ob sie es täten, – des Geldes wegen – sind daran schuldig!

Doch auch dieses Land hat da genug Schlupflöcher, die ihnen diese Verantwortung abnehmen, als Unverantwortliche freistellt.
Doch die Verantwortung tragen sie doch. Dieser Staat schützt seine die Gesetze formulierenden Personen, mit Sicherheit selbst.
SO *kann es – eigentlich – nie ein Gesetz geben, das da lautet*:

Vor dem Gesetz sind alle gleich! Artikel 3, Abs. 1

Der übertriebene Reichtum einzelner und die dadurch entstehende Armut großer Teile der Menschen zwingt diese, Dinge zu tun, die die Erde übermäßig in Anspruch nehmen oder sie andersartig zu belasten.
Das ist SO sicher wie das Amen in der Kirche!

Aber: Es darf nicht vergessen werden, dass es gerade die Reichen sind, die mit ihrer Gier nach Reichtum und Luxus eine viel größere Verschwendung von Natur und Ressourcen bewirken.

Bei einer Maschine, die man ständig mit Höchstleistung fährt, macht sich dieses inSOweit bemerkbar, dass der Motor eines Tages streikt, kaputt geht.

Dies verhält sich bei der Erde ein wenig anders, sie stößt den Verursacher für ihr Außer-Taktlaufen einfach ab.

Das dürfte (eigentlich) auch dem kleinsten Geist klar sein!

Die Sendung gestern Abend im TV mit Anne Will hat doch gezeigt, dass es bei dem Thema „Lokführerstreik" nicht um das Mehr an Geld geht, hier steht die Macht des Kapitals an erster Stelle.

Wie beschämend – nein für die Schichten oben gibt es dieses Wort nicht – die Angelegenheit in Wirklichkeit ist, zeigte doch die Frage der Moderatorin an die Dame, die die Bahn vertrat, „ob es stimme, dass sie ein Monatseinkommen von 140.000 Euro habe", was sie bejahte.

Da stehen die Einkommen der Lokführer mit bescheidenen 1.290 Euro netto traurig da, wobei das hier ca. 10fache der Dame ja auch noch etwas ist, bei dem man sagen muss, sie leistet nicht viel – es ist ihrer Leistung angemessen. Sie SOllte sich einmal ein Beispiel nehmen an den Herren, Göttern, denen „man" das mindestens 10fache ihres Gehaltes zukommen lässt. (Lokführer-Jahresgehalt 15.480 €, Dame 154.800 €)

Fragt man sich, wie es möglich ist, dass in einem Land, wo Recht und Gleichheit gepredigt wird, dies zustande kommt, stößt man schnell auf die Antwort: Es geht um Geld und Macht, um die Einhaltung von Arm und Reich.

Wobei es die Armen, eigentlich, im Wortschatz der Reichen nicht zu geben bräuchte, hier reicht das Wort von „Mas..." aus.

Doch es ist sicher, solche Gehälter werden gezahlt, um zu versuchen, sein eigenes Einkommen zu rechtfertigen!

Wie sähe es aus:

man hätte selbst nur ein Gehalt, das auf dem Stand eines „Menschen" läge – der Leistung entsprechend eben?

Oder, *man hätte vielleicht SOgar noch mehr als die Spitzenverdiener?*

Und der Staat, der von ihnen gewählt wurde, die Personen, die für sie dastehen, verarsc... und verkaufen sie nach Strich und Faden, weil sie zu „bequem" (?) sind, entsprechend zu handeln. Von der Zukunft, von der man **SO** viel redet, ist in Wirklichkeit nichts zu sehen!

Und wir können sicher sein: Sie alle sind nur ganz normale Menschen wie du und ich, sind nackt geboren worden und haben zum Teil nur Fähigkeiten, die einem geistig normal begüterten Menschen gleich kommen – mehr nicht!

SOmit tragen (auch) sie die Verantwortung für die Geschehen und bevorstehenden Ereignisse auf dieser Erde.

Hören wir, das Volk, die Masse auf, in denen, die sich zu den Großen, der „Elite" zählen, etwas Besonderes zu sehen. Es ist eine Vielzahl von denen, die sich nicht schämen, auf Kosten der anderen ihren Wohlstand zu haben, zu leben.

Ach ja, Abgeordnete sind ja immun. Nein – oder doch, sie sind nicht gegen Krankheiten immun, **SO**ndern in der Verantwortung – sie tragen und haben einfach nur keine.

Dies, keine Verantwortung – **SO** wissen wir, hat eigentlich nur ein Hilfsarbeiter/IN – oder?

Kein Wunder, dass bei allem, was sie tun nichts „Ordentliches" für die Allgemeinheit herauskommt – es reicht ja auch, wenn dies für die eigene Schicht, das eigene Leben gut ist.

Regierungen dieser Art und Güte sind **SO** überflüssig wie der Kropf!
Aber, wir, die „Menschen", haben ja noch Zeit zu üben, ob es da vielleicht noch etwas Besseres gibt!

Gibt schon: Nur die oberen Schichten; gedeckt durch Gesetze, die „sie" selbst gemacht haben, werden dies nicht zulassen!

Da sind die Parteien **SO** konträr wie alles andere auch – und eine besonders schlimm, nur der einfache oder „normale" Mensch will dies nicht sehen, erkennen.

SO – ist deutsches Recht, auch Rechte?

Sieht man sich das deutsche Recht an, könnte man zu der Ansicht und Meinung kommen, es ist ein gutes Recht – und einige Richter und Staatsanwälte **SO**rgen ja auch dafür, dass es diesen Anschein behält.

Und **SO**nst?!

Es gibt eine Unmenge von Fällen und Vorgängen, die konträr zu diesen Gesetzen laufen, abgewickelt werden.

Nur um Arbeit und Mühen zu sparen, das dürfte nicht reichen, um ein Verfahren, wie das von Herrn „Ackerfrau", dem „Trinkermann", dem „Quartz 4"-Benenner, überhaupt erst richtig in Gang zu setzen.

Hier geht der Sinn der Abschreckung – die ja auch ein Urteil haben **SO**ll – völlig verloren! Von Gerechtigkeit und Gleichheit, *die im Grundrecht garantiert sind* – gar nicht zu sprechen. *Hier handeln Gerichte gegen die Gesetzgebung des eigenen Staates!*

Auf Anweisung des Staates!!

Die geringen Summen, die in diesen Fällen zu zahlen sind – von ihrem riesigen Gut-Haben – tun ihnen nicht weh, belasten höchstens die Portokasse.

SO aber verlieren diese, nicht in den Gesetzen der Bundesrepublik Deutschland verankerten Lösungen, jede Wirkung. Ein klarer Verstoß gegen die Gesetze und Gleichheit der Menschen/Würde weltweit!!

SO trägt der Staat, „ihr" Staat – denn er gehört nur den Reichen, zu dieser „Gefälligkeit" bei – und oben an die Bundesorgane für Recht.

Das Recht dieses Staates – und aller anderen – wird nicht im Sinne der Gesetze des Landes von den oberen Behörden zum allgemeinen Wohl der Bevölkerung, behütet und geschützt.

Jedes Land und jede Regierung arbeitet nur für die oberen Schichten und großen Verbände, zum eigenen Wohl!

Alles unten angesiedelte Volk, die Masse der Menschen, die in einem Staate leben, sind doch für die da oben nur dummes Gesindel, das man benötigt, um seine minderen oder einfachen Arbeiten billig erledigt zu bekommen, den Konsum zu steigern für sein eigenes Vermögen.

Beispiele für bewussten Bruch von geltendem Recht durch Richter, ja SOgar der Bruch ihres Amtseids, könnten hier zu Tausenden genannt werden, und das auf allen Ebenen dieser Behörden.

Klar definierte Gesetze werfen sie einfach über den Haufen oder ignorieren sie.

SO aber kann diese Menschheit auf Dauer nicht existieren!
BeSOnders schlimm sind dabei SOlche, die die untersten Schichten – im Einkommen – treffen, die Härtefälle. Hier fragt sich der redliche Bundesbürger: Haben einige dieser Damen und Herren da oben überhaupt ein Gewissen und den erforderlichen Durchblick für Recht und Gerechtigkeit.

Dem Anschein nach nicht – sie schwimmen auf der Welle der Wohlhabenden und der Regierung voll mit – sind alSO nicht fürs Volk da, auch wenn jedes Urteil, das sie sprechen, mit dem Satz anfängt:

„Im Namen des Volkes"

Nicht dass nur die oberen Etagen Fehlurteile fällen, nein, es ist längst „guter" Brauch und Sitte, dass dies auch auf die unteren Etagen der Behörden durchschlägt!
Warum auch nicht?!

Da meint ein Landrat zu einer Beschwerde eines Bürgers, der diesen deswegen anschreibt; (sinngemäßer Auszug aus dem Schreiben) zuerst gibt er dem Schreiber Recht und bestätigt die Rechtslage, doch im nächsten Satz hält er die Übertretungen der Gemeinde, weil es auch andere Kommunen tun, für nicht beanstandungswert. Zitat wortwörtlich:
„Nach meinen Kenntnissen verfahren auch die übrigen kreisangehörigen Kommunen entsprechend; dieses Verhalten der örtlichen zuständigen Kommunen ist auch nicht zu beanstanden!
Landrat: Fr… Keth…
Trotz klarer Gesetzesverletzung – „nicht zu beanstanden!?"
Die nicht mehr erwünschte Antwort auf dieses Schreiben hatte dann folgenden Wortlaut u.a. (Auszug):

„Wenn Sie meinen, es reiche aus, wenn alle Gemeinden unter „Ihrer"
Verantwortung sich **SO** *benehmen und verhalten, dann sei es Gesetz,*
(für die Grafschaft ...), dann muss wohl irgendetwas bei den
Verantwortlichen und den Gesetzen nicht stimmen – es ist einfach nur
traurig. Für mich ist ein **SO***lches Verhalten der Verantwortung eines*
Landesbediensteten unwürdig – aber leider nicht fremd."

Am nächsten Fall geht überhaupt kein Weg vorbei, denn ihn dürfe es in
Deutschland und jeder anderen Demokratie nicht geben!

Trotzdem ist hier nur eine Kurzfassung möglich, auch wenn
ausführlicher zu schildern erforderlich wäre. Denn dieser Fall zeigt, wie
das deutsche System der Verschleierung, Seilschaft und Macht intern
abläuft.
   Und auch hier tritt zutage:

Der Fall:
Eigentlich erst in der zweiten Phase – durch den Richter – zum Fall
werdend. Denn aus dem Vorspiel, der vorausgegangene Teil, machte
ER aus der eigentlich klaren Sache erst den Fall.

Es gab einen neuen Nachbar, der das Nachbar-Grundstück kaufte, und
mit seinem Bekannten ein Doppelhaus errichten wollte.

Die neue Garage **SO**llte an die Grundstücksgrenze gebaut werden, was
bei Einhaltung der gesetzlichen Bemaßung null Problem ist.
   Doch man wollte mehr, legte zur erforderlichen Einholung der
Unterschrift wegen Überschreitung der Maße eine Zeichnung vor, die
unbemaßt war.
   Da die Unterschrift **SO** nicht erteilt wurde, **SO**llte eine
ordnungsgemäße nachgereicht werden – kam aber nie an.

Man fing an zu bauen – errichtete zunächst das Wohnhaus – dann die
Garage.
   Das Problem: An dieser Stelle standen seit Jahrzehnten auf der
anderen Seite Säulenwacholder einer speziellen Sorte, die **SO** nicht
mehr einfach zu ersetzen waren.

Trotz Hinweisen darauf und Einwänden wurde weitergebaut.

Die Innenschale der Garage stand, die Gartenmauer, die dort stand, hatte man z.T. abgerissen, doch wurden die Eisenträger des darauf stehenden Zaunes stehen gelassen. Die Verklinkerung konnte **SO** nicht erfolgen!!

Eine Einigung stand bevor, dann ging das Bauunternehmen pleite.

Der „nette Nachbar" zeigte jetzt erst recht, wer er war!

Nahm seinen ehemaligen „blauen" Nachbar-Kameraden, der jetzt Rechtsanwalt war, und reichte Klage ein.

„Eigentlich", SO sagte der Richter beim zweiten, einem aus dem ersten Fall notwendig gewordenen Prozess, „hätte es diesen Fall nicht zu geben brauchen".

Doch da die Sache rechtlich klar war, zu klar, nahmen die Beklagten keinen Anwalt zur Abwehr.

Schließlich kam es zu einer Güteverhandlung – mit folgendem Verlauf und Ergebnis:

Richter und Anwalt **SO**wie einer der zwei Kläger waren schon im Saal anwesend, der Hauptkläger hielt es nicht für notwendig zu kommen, trotz Ladung mit Anwesenheitspflicht.

Die Beklagten wurden hereingerufen.

Was war geschehen:

Die Sache, der Sachverhalt war klar: Der aus Spaß an der Freude Klagende – denn die Klagenden hatten in der oberflächlichen Ansicht, das Recht auf ihrer Seite.

Doch: Dem stand der Bestandschutz des Beklagten entgegen, der Vorrang hatte – und abwendbar war!

Denn: Die Sache hätte, durch das Bauen nach „Stand der Technik" problemlos, gelöst werden können – ohne überhaupt in die bestehende Struktur eingreifen zu müssen.

Und, es gab weitere Möglichkeiten, den Fall zu lösen!

*Es **SO**llte, (kam) zu einer „Güteverhandlung" kommen. Doch der Rechtsanwalt des Klägers und der Richter hatten hier ihre Meinung weitab von den Gesetzen dieser Bundesrepublik Deutschland bereits vor der Verhandlung abgesprochen.*

Was, wie man weiß, nicht ungewöhnlich, aber verfassungswidrig und menschenverachtend ist – ja strafbar!

Aber alles Unternommene in dieser Sache, das die Unregelmäßigkeiten dieses Falls aufklären **SO**llte, versiegte im Sumpf der deutschen Gerichtsbarkeit. Hier hielt das Seil der Seilschaft von Beginn der Aufklärung bis zum Ende!?

Aus dem als Güteverhandlung angesetzten Verfahren machte der Richter am Amtsgericht 48... eine Verhandlung, wie sie zu Adolfs Zeiten oder in Diktaturen oder dgl. üblich sind.
Er kam mit einem fertigen Richterspruch zur Verhandlung und präsentierte diesen, vom ersten Satz der Verhandlung an im barschen Ton den Beklagten.
Dreimal nötigte er, der Richter Herr Dr. K… die Beklagten, seinen Richterspruch anzunehmen – ohne jeden Versuch einer Verhandlung, ja Güteverhandlung, an den Tag zu legen.

Das Urteil war eine einzige Vergewaltigung deutschen- und internationalen Rechtes.

Ein Rechtsanwalt wurde gesucht, um diesen Verfehlungen Einhalt zu bieten. Einige starteten einen Versuch, wurden aber, durch was auch immer, gestoppt und gaben auf.
Daraufhin unternahm einer der „Verurteilten" die Anzeige gegen diesen Richter selbst in die Hand und erlebte nachstehende Erfahrungen mit deutschen Rechtsbehörden.

Die Anzeige wurde von der ersten zuständigen Behörde der Staatsanwaltschaft OS. an die Polizeistation in B. B. geschickt und von dort, als Irrläufer, zurück nach OS… – was richtig war.

Und nachstehend die Anzeige: (Original Abzüge)

Anzeige

Gegen den Richter am Amtsgericht .... 48... NOH...

Herrn Dr. Kö...

herbeigeführt durch die völlige Missachtung des § 278 ZPO, und einer, seinerseits schon bestehenden Vorverurteilung.

    Wie: Richtlinien, Vorschriften

Artikel des Grundrechts der Bundesrepublik Deutschland,

Gesetze – im Allgemeinen – die des NachbRG

Verletzung der Menschenrechte und Menschenwürde, in Ausübung seines Amtes.

    Nach:

        § ... Artikel 1   Absatz 1 Grundgesetz

        § ... Artikel 3   Absatz 1   "   "

        § ... Artikel 20 Absatz 3   "   "

        § ... Artikel 103 Absatz 1; 2 "   "

(Die §§ des Strafgesetzbuches liegen mir leider (noch) nicht vor!

    Missbrauch seines Amtes und der ihm obliegenden Pflichten.

    Sowie dreifacher Nötigung in Ausübung seines Amtes.

Des Weiteren:

Wegen geistiger Vergewaltigung, und

wegen geistiger und körperlicher Folter.

Begründung:

Obwohl dem Richter der Verlauf des Vorgangs vorlag und ihm die zwei in Schriftform erteilten Zusagen unsererseits bekannt sein mussten und ebenso die Lösung des Problems (der Klage),

dass wir das Betreten unseres Grundstückes für jetzige und zukünftige Arbeiten

dem Bauherrn gestatten, kam es zum Klageverfahren.

Beweise: Schreiben an die Bauherren vom 17.03.2004 und 24.06.2004

Zu der Güteverhandlung waren wir lt. § 278 ZPO alle vier geladen. (Kläger u. Beklagte)

wobei der Kläger persönlich nicht anwesend war, er wurde am Morgen des selben Tages, zuvor von einem blauen Renault Kombi (N..-M. 77) (?) abgeholt.

Beweis:

Da dieser Wagen des Öfteren dort ist, dürfte dieser Beweis, wo der Kläger an diesem Tage war, leicht zu erbringen sein.

Entgegen dem, was der Titel aussagt: Güteverhandlung, § 278 ZPO, und das, was das Gesetz von einem Richter verlangt, bestand der Ablauf dieser Verhandlung nur aus einer einzigen Beschimpfung meinerseits und mehrfacher Nötigung.

Dazu wurde ich vom Richter drei Mal aufgefordert, das von ihm als einzigen Gesprächsstoff vorliegende und bereitgehaltene Urteil anzuerkennen.

Anzuerkennen, dass ich (wir) dem Nachbarn gestatten müssen, unser Grundstück zu betreten.

Ich sagte wiederholte Male:
   Ich könne nicht ein Urteil anerkennen, das ich (wir) schon schriftlich gegeben habe. *(Lange bevor die Sache zum Fall wurde)*

Beweise: Unsere Schreiben vom 17.03.04 und 24.06.2004

Gedächtnisprotokoll vom 9.10.2004
Güteterminablauf:
      Meine Lebensgefährtin und ich wurden hereingerufen.
      Die Klägerin und ihr Anwalt saßen schon und eine weitere Anwesende.

Der Richter, ein weiterer Herr und noch eine Dame hinterm Richtertisch.

Fragen an uns:
Sind Sie Frau A… S…, – Dann nehmen Sie dort Platz!

Und an mich gerichtet:
Herr S…, – der Wink mit seiner Hand zeigte, wo ich hin sollte.

Dann fing das Beschimpfen des Herrn Richter meiner Person an.

„Was denken Sie denn, was fällt Ihnen ein, in einem solchen Stil zu schreiben?" (Ich konnte mich an einen schlechten Schreibstil nicht erinnern)
   „Ihnen ist doch klar, dass Sie das Betreten Ihres Grundstücks dulden müssen, nehmen Sie das Urteil an oder nicht?"

Ich versuchte, ihm klarzumachen, dass ich nichts anerkennen könne, weil es nichts anzuerkennen gäbe, schließlich hätten wir dieses schon zweimal schriftlich gegeben.

Meine Versuche, zum eigentlichen Ablauf einer Güteverhandlung zu gelangen und den Richter dazu zu bewegen, scheiterten alle. Erst beim dritten Mal durfte ich ein Foto mit der S.W.-Wand zeigen, auf der der Verhandlungsgegenstand abgebildet war, doch das interessierte ihn wenig, verstand nicht, was auf dem Foto zu sehen war.

Zum zweiten Male forderte er mich auf:
  „Entweder Sie sagen ja, dann kommen wir zum Abschluss oder Sie sagen nein, dann geht's weiter und Sie bekommen von mir das gleiche Urteil, nur dann wird's für Sie teurer."

Ich sagte: „Ein solches Fehlurteil kann ich nicht anerkennen."

Meine Lebensgefährtin bat um eine Beratungspause mit mir – ich merkte, sie war angesichts dieser Situation und dem Gebaren des Richters, dem Ablauf der „Güteverhandlung", die keine war, nervlich am Ende, hielt der geistigen Vergewaltigung und dem Terror dieses Richters nicht länger aus.

Wir bekamen 2 Minuten.

Sie zu mir: „Da haben wir doch sowieso keine Chance".
  Ich: „Richtig, aber wir können uns jetzt einen Anwalt nehmen."

Die zwei Minuten waren um – wir mussten wieder rein.

„Und", so der Richter zu uns, „haben Sie sich entschieden?" und zu meiner Lebensgefährtin: „Nehmen Sie das Urteil an, dann sagen Sie ja".

Und sie sagte „Ja" – hielt den Druck, die Nötigungen des schon vorher feststehenden Urteils des Richters nicht weiter aus.

„Und Sie Herr S…, sagen Sie jetzt ja oder nein, erkennen Sie das Urteil an!"

Ich dazu: „Machen Sie, was Sie wollen, Ihr Urteil steht doch lange fest, aber anerkennen, nie."

Er verlas das Urteil und fragte uns:
„Sind Sie damit einverstanden?"

und meine Antwort war: „Ich erkenne es nicht an, aber es hat ja doch keinen Zweck."

Unsere Frage nach dem weiteren Ablauf dieses (Erpressungs-) Urteils war, und er beantwortete es so:

„Nun warten Sie erst einmal ab, und wenn etwas schiefgeht, können Sie ja immer noch klagen."

Beweise:
   Das bekommene Urteil, das lediglich das durch uns zugesagte Betreten unser Grundstücks für Arbeiten an der Garage festschreibt, hat keinerlei Zusätze über die Beseitigung der S.W – und da dieser Punkt ja auch nicht Verhandlungsgegenstand, der angeblichen Verhandlung war, gibt es auch keinen Hinweis, wie eine Wiederinstandsetzung, noch eine Vergütung für den uns entstandenen Schaden, aussehen soll!

Beweise:
   Dann erfolgte der Schriftverkehr mit den einzelnen Behörden, wie sie laut PC, der Reihe nach, für die Beschwerde beim Europäischen Gerichtshof für Menschenrechte erforderlich ist.
   Denn mir war klar, Recht in Deutschland zu diesem Fall, bekomme ich nie!

Mit jedem Schreiben an eine andere Behörde wurden die Anzeigenpunkte erweitert, denn mit zunehmender Kenntnis der Rechtslage stieß man immer mehr auf §§ der Strafprozessordnung, die bei diesem Fall dem Richter zur Last gelegt werden, ja er begangen hat.

Zusammenfassung des Anzeigenverlaufs durch die Instanzen und deren Ergebnisse! (Originalblatt) (*Die Aktenzeichen sind jeweils gekürzt*)

......./M... 2008

Anlage A1: zur Beschwerde beim Europäischen Gerichtshof für Menschenrechte

In Sachen Anzeige gegen den Richter Dr. Kö... angeschriebene Behörden und ...

Und diesen Weg nahm meine Anzeige – bisher:

Nach der am 0......04 stattgefundenen Schein-Güteverhandlung wurde, wie Dr. K.... vorausgesagt hatte, die Gegenklage auf Schadensersatz am 0......06 notwendig!
Danach suchte ich einen Rechtsanwalt – vergeblich – und reichte dann selbst die Anzeige ein.

B1   Am 18.05.2005 schickte ich die Anzeige an die
      Staatsanwaltschaft Osnabrück – und von dort ging sie, zur
      „Erleichterung derer", an die Polizeidirektion B.. B.. ... und
      wegen unrichtigem Adressat und Nichtzuständigkeit, als
      Irrläufer zurück an die Staatsanwaltschaft OS am 2.....2005 mit
      Aktenzeichen: NZS -... Js 2.......

B2   Am 05
      Generalstaatsanwaltschaft Oldenburg Az. ....
      Mit Widerspruch

B3   Am 05
      Petitionsausschuss des Deutschen Bundestages
      Pet -4-..-07-..05-..6...
      Mit Auskunft: nicht zuständig, sondern Landtag Niedersachsen

B4   Am ......05 Antwort-Schreiben 2......06

Nieder Sächsischer Landtag Az. 0......./...
Drucks. 15/.....5
Mit Widerspruch Bearbeitungsdauer: ein halbes Jahr.

B5 Am Juli .....07 an:
Bundespräsident der Bundesrepublik Deutschlands
Geschäftsz. ...-.000 9...
Wenn ich das Antwortschreiben richtig interpretiere, ist nach deutschem Recht, ein Richter Herr über Leben und Tod.

B6 Am 06
Bundesverfassungsgericht Az. AR ....9... *Mit Widerspruch*

B7 Am 07
Generalstaatsanwaltschaft beim Bundesverfassungsgericht
Von hieraus wurde die Anzeige nach OS, ohne weiteren Kommentar, zur weiteren Bearbeitung, erneut, (zurück) überwiesen!

B8 Antwort- Schreiben am 1.....07: Staatsanwaltschaft Os...Az. wie oben

Ergebnis. Wie oben kein Grund, der Sache nachzugehen!

B9 Am .. März/April 08 an:
Europäischer Gerichtshof für Menschenrechte: Az. Nr....

In dem Antwortschreiben der Behörden steht:
1 x die Bemerkung: Freiheitsberaubung
und alle anderen benutzten die Bezeichnung Beschwerde, obwohl mehr als eindeutig zu lesen ist,

Anzeige gegen den Richter Dr. K.... am Amtsgericht D 4....

mit Nennung der Verfehlungen und strafbaren Handlungen.

Der Eingang der Beschwerde beim Europäischen Gerichtshof für Menschenrechte wurde inzwischen bestätigt und eine Prüfung steht an. Immerhin ein kleiner Erfolg für eine „Nummer" im großen Rad der Union!

Wie immer der Rest der Anzeige auch ausgeht, was bleibt ist die Tatsache, dass es Teile, Behörden, Verbände, Personen in der Bundesrepublik Deutschland gibt, denen das verbriefte Recht dieses Landes gleich ist, und die meinen und glauben, über den Gesetzen zu stehen.

Aber es gibt und zeigt noch etwas: die Tatsache, dass man Machenschaften wie zu Nazizeiten noch nicht vergessen hat, ja praktiziert.

Und – dass es einmal wieder niemand gewesen ist, der von SOlchen Vorgängen – weil sie nicht wahr sein dürften – wusste.

In diesem Fall sind dies alle Rechtsanwälte, die mit diesem Richter zu tun haben und nichts sagen und alle Behörden, die von dieser Anzeige nichts wissen wollen! Sicher auch aus dem Grund, weil sie einen Nestbeschmutzer unter sich haben.

Dies ist gelebte Demokratie auf der ganzen Erde – und weil dies SO ist, ist auch jede Demokratie eine auf die Dauer gesehen nicht akzeptable und funktionierende Regierungsform. Aber, man wird dies nicht ändern können, es sei denn, man schafft die Kluft Arm und Reich ab.

Weg sehen; weg hören; weg lesen/überlesen!

Armes Deutschland und arme Demokratie!

SO war, SO ist, SO bleibt diese Menschheit – ungerecht und kriminell!

Denn anders kann man SOlch Verhalten nicht bezeichnen – sieht man die Menschheit als Ganzes an!

SO – Wir haben „ihn"

Wen haben wir denn?

Wir haben viele, viele Ereignisse, die zu den Geschehen, die wir heute haben, beigetragen haben.

Und eine Steigerung einer Menge Dinge, die heute geschehen, sind mit diesem Ereignis verbunden oder können auf dieses zurückgeführt werden.

Es nennt sich schlicht und einfach: **Terror.**

Dieses Wort scheint vor allem Politiker einer Partei wie ein Magnet anzuziehen – dabei tragen sie an deren Be- und Entstehen eine Mitschuld!

Hierin sehen sie ihre Tätigkeit und die Berechtigung für ihr Amt – ihr Einkommen und Pension, zu schaffen und zu leben.

Doch wer auch hier sich Mühe und Gedanken über dessen Zusammenhänge macht, kommt schnell auf den immer wieder anstehenden Schluss:

dass alles selbst geschaffen wird, um sich selbst zu beschäftigen.

Das aber leider schon seit Hunderten von Jahren – mit zunehmender Steigerung.

Wer sich noch mehr bemüht, um ein klares Bild der Entstehung vieler Vorgänge und Abläufe der Menschheit auf die richtige Reihenfolge zu bringen, wird erkennen müssen, dass alle Regierungssysteme der Menschen bisher versagt haben, weil keine auf Gerechtigkeit, Gleichheit, Menschlichkeit und Christlichkeit geachtet hat – bewusst vorbei gesehen hat.

Von höchster Ebene herab tritt man diese Werte mit Füssen.

Gehen Sie den Inhalt des Buches durch, Sie werden nur abweichende und vom menschlichen und christlichen Sinn stehende Erkenntnisse finden.

Eine wahre, aber traurige Erkenntnis.

Wie kann man diejenigen nicht verstehen wollen, die da sagen und meinen, es könnte eine andere Menschheit geben – eine Menschheit mit menschlichem Gesicht!

*Dass der Menschen Geschichte ein Auslauf-Modell ist, scheint ziemlich sicher – nein es ist ab**SO**lut sicher. Doch diese Erkenntnisse sind schon etwas älter – es war noch Zeit, das Kommende abzubremsen.*

*Aber was geschah? Nichts – man frisst sich satt, schaufelt Vermögen für? – ja für was eigentlich, seine „Kinder" (?) scheint man zu verachten – **SO**nst würde man deren Zukunft nicht zerstören – und die großen Zahlen, Ländereien, Häuser, Stadtviertel, Boote, Autos, Flugzeuge oder den teuren Schmuck – mit in die Kiste zu nehmen – vielleicht auch in die Urne, dafür reicht auch derer Platz nicht.*

*Was al**SO** stände einer menschenwürdigen Weltbevölkerung, entgegen??*

Heute, wo man um die Erderwärmung weiß, ändert sich im Verhalten von Regierungen und Reichen nichts, und warum??!
   Der eine ist immun (!) und der andere nur reich!
   Das hat in diesem Staat (fast) den gleichen Stellenwert!

SO wird die Menschheit dahingehen und merkt es nicht mehr, wenn sie nicht mehr lebt.

Die Masse, das sind auch die, die zwar glauben, ein ausreichendes Einkommen zu haben, aber immer noch auf der riiiesigen Leiter der Einkommen- und Besitzverhältnisse auf der untersten Hälfte stehen, sind doch nur Nummern im Rade der „Elite" – keine Menschen.

Wer anderes glaubt und denkt, ist ein Tor – kein Terrorist?!

SO – END/E/LICH *unendlich*

Woher und wohin: Unsere Erde war schon da, als der Mensch Milliarden von Jahren später in sein Erscheinungsbild trat.

Und: Sie wird noch da sein, wenn es den Menschen hier unten nicht mehr gibt.

Dies ist und wird bittere? oder süße Wahrheit sein.

Und die Erde selbst???

„Wir" forschen daran, dies herauszubekommen.

Eine der Fragen ist: Wird uns dieses gelingen, noch bevor der „Forscher" die Bereinigung des Globus Erde vollzogen hat?

Blicken wir zurück: auf den Anfang, wo es eine „heile" Welt – Erde, gab. Wir benutz/t/en alles von ihr, was sie uns gab und belasteten sie mit allem, was wir wegwerfen oder ausbeuteten. Bis etwa Mitte des 19. Jahrhunderts. Da hatten die ersten weitsichtigen Menschen erkannt, wohin das führen musste.

Doch dem entgegen stand das Wissen um die Vorteile, die es hat, wenn man reich oder wohlhabend ist und Macht dazu hat.

Diesen Vorteil wird man nie aufgeben und immer bis zum Untergang verteidigen.

„Wir haben leider" – oder: *„Das war schon immer SO":* Das sind doch alles nur billige Ausreden die man anwendet, um die Masse zu befriedigen, ruhig zu halten!

Heute, oder genauer, einige Menschenleben zurückdenkend, weiß man; dass alles darauf hinweist, mit der Frage, die keiner beantworten kann: Wie viel Zeit der Menschheit noch bleibt, wann diese Zeit abgelaufen ist. Sicher ist nur, „der" Mensch selbst tut seinen Teil dazu.

Schwarzmalen oder schwarzsehen, wer dies behauptet ist ein Phantast und will die Wahrheit nicht sehen. Zeigt doch alles den Verfall der Menschheit an.

Wie da wäre/n: Die **Umweltveränderungen**:

Luft
      Wasser
            Wärme
                 Eis
                       Erde
                             Seen
Meere
      Berge
            Gletscher
                 Pflanzen
                     Tiere

Spiele und Spaß und
    Lügen und Wahrheit/en

… alles gesteuert und dem Verfall unterliegend von der Gier nach Geld und Macht der Reichen und Wohlhabenden!

Haben Sie sich mal das Gerede und Tun der Kanzler/in dieser Republik genauer „angesehen" – SO, sind sie doch fast alle da oben. Dem Volke etwas vormachen, was in Wirklichkeit nicht stimmt oder geht! Oder geht, wenn man auf nichts Rücksicht nimmt!
    Mit allen Nebenerscheinungen, die jede einzelne Komponente für sich selbst und andere Stoffe hat, auf den Menschen.

Nicht einmal sein Wissen kann der Mensch in geordneter Form und Weise den Nachkommen zurücklassen. **SO** wie einst Zeichnungen auf Felswänden oder in Höhlen, die bis heute der Nachwelt erhalten blieben, oder Runentafeln, die wir nur entschlüsseln mussten. **SO** hält das Zeug, das unsere „hoch begabten" Wissenschaftler jetzt erfinden oder entdecken um Daten zu speichern, nur wenige Jahre – bestenfalls Jahrzehnte.

Ist auch dieses ein Hinweis darauf, dass wir keinen Nachweis über die letzten Jahrzehnte mehr benötigen?

Nicht genug, dass die zuvor genannten Größen auf den Verfall der Menschheit wirken, nein, er ist es, der durch sein verändertes Verhalten von Moral, Sitte, Kultur, von FürSOrge und Mäßigung auf fast allen Gebieten zu einem vorzeitigen Ende beiträgt und das alles vom Geld gesteuert.

Wäre noch die Frage nach dem: „ins All absetzen".
   Gut, wir haben es geschafft, auf den Mond zu kommen. Haben eine Menge neuer Sterne und Galaxien entdeckt und glauben, mit gutem Recht?, wir kämen zum Mars.
   Bisher, **SO** scheint es, könnte es Wirklichkeit werden, aber:

Hin käme der Mensch – und technisch auch zurück, doch nach der langen Reise könnte es sein, dass er, wenn sein menschlicher Körper sich nicht schon lange in Nichts aufgelöst hat, hier unten niemanden mehr antrifft.

   Ist es das, was man heute versucht, zu lösen und will??

Was machen wir uns Gedanken darüber, was kommt. Keiner von uns kann dies voraussehen und voraussagen – doch alles weist darauf hin – und der Mensch, die Verantwortlichen, die Reichen und „Eliten" tragen die Verantwortung dafür.
   Tragen sie wirklich? Nein, sie fressen sich nur satt und scheffeln Reichtum von und durch anderer Personen Arbeit – sie stehlen al**SO**, wenn auch im Namen der Gesetze.
   Sie tragen keine Verantwortung, weil sie niemand mehr zur Rechenschaft ziehen wird, ja kann.

Stimmt doch der Satz:
   Besser reich sein und ein Gauner, als arm und ehrlich!
                                                            (Sprichwort)

Wer diese Gesellschaften – und damit sind alle Regierungen und Völker dieser Erde gemeint – genau betrachtet, muss feststellen, dass keine, auch nur den Schimmer von Ehrlichkeit und Menschlichkeit vertritt, **SO**fern man diese zwei Eigenschaften als eigentliche

Selbstverständlichkeit für menschliche Menschen und Regierungen voraussetzt!

Sie alle vertreten nur ihr eigenes Wohl und schreiben ebenSO den Tatbestand von „Herr und Knecht", vom Sklaven und -halter fest – machen aus Menschen Nummern und halten sich für Gott, leben **SO**, dass es aussieht, als wollten sie sagen:

„Mitnehmen auf der Erde was immer sich einem bietet, wohin die Reise geht, weiß keiner, und in der „Fähre" nach oben ist ohnehin kein Platz für den Luxus, den man sich zusammengeraubt hat!"

Sie zählen nicht zu den Reichen, Wohlhabenden, kennen auch dessen Leben und Lebensweisen nicht?

Dann haben Sie Glück oder Pech gehabt.

Alles, aber auch alles und jede Schwei... wird in diesen Kreisen erfunden, entdeckt und fabriziert.

Doch zum Glück läuft auch dort nicht alles nach Plan, wachsen keine Bäume in den Himmel – allerdings bis an den selben schon – was bei Ihnen als kleiner Bürger niiiie der Fall sein wird.

Haben Sie einmal nachgedacht und sich in die Überlegungen ergeben, woher und warum all die vielen rechtswidrigen Verhalten kommen? Warum ständig neue Institutionen, Behörden oder dessen Anhängsel benötigt werden, die z. B. neu produzierte Erscheinungen wie Terror oder Computer-Kriminalität bearbeiten – müssen – die vielen anderen Erscheinungen gar nicht genannt.

Keiner kann die Zahl derer benennen, es reichte sicher eine Hand dafür aus – die reich sind oder in Wohlstand leben und diese „Errungenschaften" ehrlich, ohne jede rechtliche Übertretung, erworben haben.

Da würde es **SO** manche Fete nicht geben, müssten alle diese „unrechten" Personen in den Kna....

Aber es ist, wie gesagt, wie bei Lüge und Wahrheit, **SO** auch bei der Auslegung von Gesetzen – und für diese PerSOnenkreise herrschen andere Gesetze, auch bei der Schicht, die die Gesetze, Recht und

Ordnung schützen SOllen, die für diese die Verantwortung tragen. Dies zeigt uns der vorstehende Artikel/Fall zu genau.

SO – war es einmal

Es war einmal; das trifft für unendlich viele Dinge und Geschehen zu.

Doch bleiben wir hier bei den Themen stehen, bei denen es sich um die Zukunft der Menschheit geht; und da ist das Woher und Wohin, aber auch das Wie von entscheidender Bedeutung.

Woher, das war einmal – und ist nicht zu ändern.

Das Wie wir gelebt haben ist unveränderbar. Die Zeit, in der wir jetzt leben, aber schon, und was in der Zukunft geschehen kann – wird – dazu könnten wir, die Menschen, schon etwas beisteuern.

Schließlich sagt man ja auch: Jeder ist seines Glückes Schmied!

Wer diese Worte näher und genauer betrachtet, wird und muss, wenn er ehrlich ist, zugeben: Es ist wie bei der Zukunft, man kann etwas dazu beitragen, wie was verläuft, doch was daraus wird, liegt ganz allein beim **Glück!**

Glück: Worauf auch immer man dieses beziehen will, hängt von unendlich vielen Zufällen und Voraussetzungen ab und wird um**SO** größer, je besser die Voraussetzungen, die Startbedingungen eines Lebens sind.

Wer als Armer geboren wird, fängt bei Null an. Entgegen dem Kreis, der sich bei 360 Grad schließt, geht aber die Gebogene für einen Reichen schier ins Unendliche, weit über die 360 hinaus. Nach oben hin gibt es keine Grenze – sie wollen mehr, immer mehr, obwohl sie auch nur nackt geboren sind – *und sterben, wie jeder andere auch.* Doch sind sie auch Menschen im menschlichen Sinn gewesen – *und haben danach gelebt?* – wohl kaum!

*Und hier zeigt sich, trägt bei, und kommt die große Naivität einer nicht kleinen Masse von Bürgern, dass das **SO** ist und bleibt, **SO**nst hätte sich* *längst etwas an diesem ungerechten System, das man Demokratie nennt, geändert.*

Es ist ja auch nicht einfach und verlangt eine riesige Portion Kraft und Willen, dagegen anzugehen und auf Einsicht der anderen kann man nicht hoffen!

*Doch es steht eben**SO** sicher fest: Eines Tages in nicht allzu ferner Zukunft löst sich auch dieses Problem von selbst.*

Inzwischen sind Jahrhunderte vergangen, seitdem sich einige Menschen Gedanken über die Zukunft machen, und **SO** manch einer hat dabei festgestellt, dass es auf die Art und Weise, wie man Zukunft gestaltet, für diese Spezies immer enger wird.

Obenan steht bei allen Überlegungen das Wort: **Gerechtigkeit!**

Bei allem, was in einem Staat, von den führenden Schichten, veranlasst wird, fehlt aber diese Bedingung.

Das, was sie tun, unterliegt alles der Tatsache, Reiche und Reichtum zu fördern, und zwangsläufig müssen Arme darunter leiden – wer **SO**nst **SO**llte den Reichen ihren Reichtum bringen!!!

Ein Verhalten, bewusstes Fehlverhalten, das
    un-menschlich
       un-christlich
          un-demokratisch
            zukunftszerstörend ist

… „und keiner will es da oben sehen"!!!

Oder hofft ein jeder von ihnen, der Crash, der kommen muss, wird an ihnen vor ihrem Ableben – vorbeigehen?

Da benutzen sie Worte wie:
    Freie Marktwirtschaft
    Wachstumsfördernd
    Arbeitsplätze sichern
    Einkommen sichern
    Sozialstaat sichern?
    Zukunftsinvestitionen
… und, und, und.

Doch die Wirklichkeit sieht anders, ganz anders aus.

Weiß man doch seit Langem um die Vorteile, die es hat, wohlhabend zu sein, und dies strebt man mit aller Macht an, wie vieles, was für ein Leben in Sau... und Bra.., im Überfluss als „ideale" Vorsetzung ist.

Menschlichkeit und Gerechtigkeit gehen hierbei – heute – völlig verloren – wie eben der Gedanke an die Zukunft.

Das Ziel jedes Unternehmens und eines auch nur wenig besser-gestellten ist es, seinen Wohlstand, ohne Rücksicht auf die Allgemeinheit zu steigern.

Dabei ist bei Unternehmen nicht an **SO**lche im herkömmlichen Sinne gedacht – an Geldanleger!

*Alle reden von ihnen, um Dinge, die, wie zuvor beschrieben sind, sind – wenn nicht unwahr – dann zumindest nur halbherzig gedacht und gemeint oder **SO**gar nur Werbung für sich selbst, für seinen Berufsstand, seine Partei, um Wähler zu sichern und Wahlen zu gewinnen!*

Und unendlich viele Menschen fallen darauf rein – traurig!

*Eine Sendung, nein, viele im TV, wo es um Parteiveranstaltungen geht, zeigen das Anhängervolk: als seien wir in den Jahren, als diese andersfarbige Partei, von der auch heute noch häufig die Rede ist (s. S. 63), ihren Anhänger die Zugehörigkeit zu ihr einpeitschte. Anders scheint und wird es auch nicht kommen, wenn alles **SO** wie bisher weiter geht!*

Denn die Gerechtigkeit geht mehr und mehr verloren und wird von den Verantwortlichen zunehmend unterdrückt!

Dass bei diesem Bestreben unendlich viel zerstört wird, will man als Wohlhabender nicht sehen!

Zukunft für die Menschheit aber braucht Personen, die die Nase ein wenig der Zeit voraushaben und zumindest die Zeichen der Zeit sehen und entsprechend darauf reagieren.

Mit 40 und mehr Jahren an verzögertem Reagieren, wie es Regierungen tun, wie es z. B. beim Klimaschutz deutlich zu sehen ist, ist es da nicht mehr getan. Was einmal in Gang gesetzt ist, kann, wenn man meint und glaubt, man müsse dem Druck der Allgemeinheit nachkommen, dann nicht mehr von heute auf morgen gestoppt, gar rückgängig gemacht werden.

Dieser Vorgang wird die Erde, nach heutiger Sicht, total auf den Kopf stellen!!

Daran gibt es kein Rütteln und Schütteln mehr.

Wir haben es alSO fertig gebracht:

Die Zukunft der Menschheit für den Reichtum der Reichen und Wohlhabenden zu opfern!

Und: Was bisher nicht gesagt wurde und auch nur angedeutet werden SOll – weil es die meisten nicht verstehen werden, es gibt noch eine Reihe von Ereignissen und Geschehen, die auf die Erdenmenschen zukommen können, die alles bisher Genannte in den Schatten stellt.

Diese sind und werden SOwohl vom Menschen selbst, als auch von der Natur aus erzeugt oder hervorgerufen!!

Sehen wir einmal eine Menschheit, bei der (ein wenig mehr) Gerechtigkeit nicht nur auf dem Papier steht, SOndern gelebt wird.

Es gäbe viele Dinge und Sachen, Ereignisse, Vorkommen und Geschehen gar nicht, die zerstörerisch wirken

Denn vieles, was heute läuft, ja eigentlich alles, wird doch nur dafür getan, dass das Verhältnis Arm und Reich am Laufen gehalten wird.

Doch immer weniger Menschen, die diese Vorteile der Reichen erkannt haben, können auf diese Reise auch mitgenommen werden – und die Spirale läuft immer weiter auseinander.

Konflikte sind vorprogrammiert – müssen kommen!!!

Da wäre heute:

Mindestlohn für alle.

Wer lehnt dieses ab: fast alle Unternehmen, und vorneweg eine Partei, die das Wort „C"hristlich in ihrem Namen trägt.

Denn allem Anschein nach hat sie keine fähigen Personen in ihren Reihen, die diese unrichtigen Verhalten erkennen wollen, ihren Hauptwählern und SponSOren zu„liebe" – den Wohlhabenden!

Alleine dieses Beispiel, diese Tatsache belegt: dass die uns Regierenden und „Eliten" geistig nicht höher stehen oder z.T. **SO**gar unterhalb der Durchschnittsmasse der Bevölkerung, anzusiedeln sind.

*Dies **SO**llte sich jeder Bürger ständig vor Augen halten –*
goldene Kälber gibt es nicht!!

Ein Beispiel von Hunderten, wo sich diese Partei von Christlichkeit, Menschlichkeit und Menschenwürde weit entfernt hat, ja nie dort war – *und man wählt sie doch oder gerade deswegen!*
Das aber wirft ein erschreckendes Bild auf deren Masse der Wähler. Sind sie nun blind, gleichgültig, oberflächlich, leichtgläubig oder, oder, oder, oder laufen sie nur falschen Versprechungen und Wünschen nach – sehen die Zukunft nicht – die fast jeder von „uns" hat?!
Täglich, ja stündlich und überall wird „uns" vorgegaukelt, wie schön es ist, reich zu sein und sich alles leisten zu können.
Meinen doch viele, dass sie mit 5 Tausend Euro im Monat zu den Wohlhabenden gehören – wissen nicht, dass sie mit dieser lächerlichen Summe genau da stehen, wo der Abstieg, die Armut sie morgen erreichen kann.
Sicherheit, die es gestern noch gab auf diesen Posten, ist heute reine Illusion!
SO aber kann die Erde nicht überleben – wie wir merken!!!

Wie schnell auch Massen irren können, das liegt noch gar nicht SO lange zurück, und dann will's keiner gewesen sein – arme Irre.

Könnte? nein es ist **SO**: Viele der ehemaligen Brau... sind dann in dieser sich christlich nennenden Partei untergekommen – wie christlich al**SO**. Gesinnung kann sich ändern – oder auch nicht? Aber christlich!?

Die Menschheit, **SO** wie sie in den letzten Jahrzehnten regiert wird, hat eine Zeitzukunft von nur noch wenigen Prozenten, und zu diesem vorzeitigen Ende haben alle Regierungen der letzten 50 Jahre kräftig beigetragen.
Die Feststellung, warum und wie**SO**, können Sie im „Totengräber der Demokratie ..." nachlesen.*

Mindestlohn, Menschlichkeit, Gerechtigkeit, Frieden und Freiheit sind alles Worte, die nicht nur irgendwie zusammengehören, SOndern fester Bestandteil eines menschenwürdigen, christlichen Lebens sind – nein, sein SOllten.

Parteien, die dieses nur als Werbe-Worte führen und aussprechen, sind es nicht wert, von einem sich christlich Nennenden und halbwegs menschlich Handelnden gewählt zu werden.

Dann aber fragt man sich: Wo sind die vielen Menschen in Deutschland und die, die sich christlich oder gläubig nennen – wo, wo?

Sind etwa Viiiele nicht SO gläubig, wie sie sich geben oder sein wollen?

Oder wissen sie nicht, was christlich im christlichen Sinne ist?!

Gläubig, damit ist eigentlich christlich gemeint, denn andere Religionen mit ihrem Glauben vom, etwa dem Heiligen Krieg, oder anderen Glaubensrichtungen, das kann ja auch nicht das Wahre sein.

Das wiederum hat nichts mit Menschlichkeit zu tun!

Fragen Sie mal nach, spätestens nach der fünften Frage wissen Sie: Christlich oder gläubig nennen ja, aber das Handeln und Tun liegt bei den meisten „ein wenig" außerhalb dieser Bereiche!

Wie weit der Himmel ist, wissen wir eigentlich – oder nicht. Aber in Sachen Religion und gar Gott, tun wir alle uns schwer.

Da reden alle, nein alle nicht, aber viele, vom Ewigen Leben, vom: In-den-Himmel-Kommen.

Aber da stellt sich nicht nur die Frage: Kommen nur alle Katholiken oder SO, in den Himmel, und nur die, die nach Jesus' Tod geboren sind?

Und was ist mit denen, die davor gelebt haben, wo kommen die hin? Oder was ist mit denen, die einen anderen Glauben haben, ja ihm frönen? Wo bleiben die und was ist für sie, in Bezug auf Jesus, vorgesehen?!

Die Frage nach denen, die eine andere Religion, Glauben, hatten und haben, sind dies etwa keine Menschen? Ist Gott – wenn – für diese nicht zuständig, oder wie geht das?

Jahrtausende vor Jesus haben Menschen gelebt, die nach der Ansicht vieler Gläubiger heute keine Möglichkeit hatten, Gott und … kennenzulernen, alSO auch nicht ein ewiges-Leben erlangen können, könnten.

Wenn? Kann es einen SOlchen Gott wirklich geben, der nur für eine gewisse Schicht von Menschen da ist!?

Dies widerspricht jeder Vorstellung von Gott, die ein christlicher Mensch haben kann.

Gott, Jesus, passt da in diese Vorstellungen, Tatsachen, einfach nicht hinein – wenn, muss es eine andere Lösung geben – aber welche?

Ist es nicht äußerst einfach, für alle seine Probleme und alles, für das es keine plausible Lösung gibt, jemand zu haben, dem man es in die Schuhe schieben kann, oder einfach nur sagt: „Er wird alles richten", Ihn verantwortlich macht?

Das Zitat: „Glauben heißt nicht wissen". Kommt da genau richtig!

Und genauSO wie bei diesem Zitat, genauSO überlässt oder schiebt man die eigene Verantwortung in vielen Dingen anderen zu – die damit gut verdienen!

Doch würden alle SO denken wie diese Schrift, wir hätten zwar eine andere Menschheit, aber wäre sie besser?

Wenn Gott Himmel und Erde und alles, was da kreucht und fleucht geschaffen hat, wie passen dann Adam und Eva dort hinein?

Wie passt in dieses Bild gar die Evolution des Menschen, der nachweislich vom Affen abstammt – bisher?!

Sind und werden diese Sorte Tier/Mensch etwa auch in den Himmel kommen, oder landen sie in der Hölle?

Hölle gleich Teufel: Kommt man mit einer ehrlichen Antwort in Sachen Gott nicht weiter, so schiebt man alles in Richtung Teufel.

Teufel, dss ist der, der für alles Böse und Schlechte zuständig ist.

Doch was auf dieser Erde, unter den Menschen, ist schon gut, im Verhältnis zu Böse, Schlecht?!

Liegt es nicht daran? Dass der Mensch Schlechtes schneller vergessen will als Gutes?

Will er nicht die Erde, den Menschen, als etwas Positives in sich behalten? Weil Negatives seinen Geist nur belastet – seinen Körper zerstört?!

Ein Leben im negativen Sinnen schon gar nicht ein erstrebenswertes Leben ist!

„Glauben heißt nicht wissen", und **SO** muss jeder das glauben, was er meint, es wäre das Richtige für ihn – und tut es auch – meist.

Was schlimm ist, sind die Fanatiker unter ihnen, und davon gibt es leider viel zu viele. Würde die Menschheit, jeder für sich mit seinem Glauben leben, hätten wir eine friedvollere Menschheit!

SO aber wird, seit Jahrtausenden, für seinen Glauben Krieg geführt.

Das ist doch edel, oder?!

Bleibt zum Schluss nur die Erkenntnis: Da Gott alle Menschen liebt und ihnen alles vergibt, kommen auch alle, ob gläubig oder nicht, in den Himmel!

Oder vielleicht doch nicht?

SO – Wohin, wenn nichts mehr geht?!

Eines Tages, die Zeit bis es **SO**weit ist, ist absehbar, die Geschehnisse, die dies erahnen lassen, laufen einfach zu schnell ab!

Gab es einst die Kulturen der Mayas, der Ägypter, Griechen, Babylonier, Römer und wie sie alle heißen – und die noch unbekannten – **SO** weiß man seit Jahrzehnten, dass die Kulturen des Abendlands inzwischen nicht nur der Vergangenheit angehören, **SO**ndern Beweis dafür sind, wie die Erde, die Welt sich für den Menschen verändert!

War es vorgestern die Maya-Kultur und gestern das alte Rom, **SO** ist es heute – fast noch – die Neue-Welt und Europa.

Doch wie man merkt: Gestern dort, heute hier und morgen, längst schon greifbar die zukünftige Region, die sich Asien nennt!

Und hier läuft die Ausbeutung dieses Planeten auf vollen Touren.
Ohne Rücksicht auf Verluste, die das Aus sein werden, fördern!

Das alles läuft unter der Bezeichnung „Global".
  Doch was daran ist global??!

Eigentlich, **SO** sagt man, gab es schon immer nur eine Menschheit auf diesem Globus.
  Doch in Wirklichkeit gibt es nicht nur Weiß und Schwarz, Rot und Braun, Gelb und ..., **SO** wie die zig Tausend unterschiedlichen Arten und Abstammungen von diesen. Jede und jeder von ihnen lebt nach und meist für seine Rasse, seine Volkszugehörigkeit, doch alle, aber auch (fast) alle haben eines gemeinsam: Sie glauben heute an den Mammon und die Macht!

Früher gab es in den meisten Firmen einen Chef, der diese leitete. Heute aber sind dies Aktionäre, die bestimmen, was und wie eine Firma geleitet wird und welche Ziele sie verfolgt und „bewahrt"? Und daran hapert's!
  Menschlichkeit, Verantwortung für den anderen und für diese Erde hat von ihnen **SO** gut wie keiner. Für sie zählt nur das Geld und alles damit und dadurch Erreichbare.
  Diese Konstellation, im Ereignis Globalität aber ist es, die der Menschheit ein vorzeitiges Ende bereitet!
  Statt für alle ein „besseres" Leben zu schaffen, bringt die Globalität, wie sie gelebt wird, der gesamten Menschheit nur ein Minus.
  Das, was für die Reichen und deren Mitläufer von der Erde genommen und vernichtet wird, reichte bei bewusster Lebensweise, global gesehen, noch für viele, viele Jahrhunderte. Doch in dieser Richtung belügen fast alle, die etwas sagen (dürfen), die gesamte Menschheit.
  Die Erderwärmung hat Folgen die keiner von ihnen ausspricht!
  Ausspricht, weil sie zwar wahr, aber zu fürchterlich sind – und rechtlich gesehen – sie die Verantwortung dafür mittragen (oder immun sind!)

Wer aber von diesen Verantwortlichen kann in hundert Jahren noch jemanden zur Verantwortung ziehen – darum handelt man heute noch *SO*, wie in all den Jahrhunderten zu vor!

Jetzt, **SO** scheint es – nicht nur – wird nur noch nach dem Prinzip gelebt: nehmen, was immer man in seinem kurzen Leben sich nehmen kann – denn die Zeit hier – läuft bald ab.

Nehmen, ob ehrlich oder auf die andere Art. Denn wer schon von denen da oben lebt ehrlich, menschlich oder gar christlich – auch wenn viele ihrer Methoden durch Gesetze des Staates oder Richtersprüchen gedeckt sind. Gedeckt von „Menschen", die „satt" sind. Da bleibt für die wirklich Schaffenden nur das Nötigste, um sie dafür zu erhalten, dass sie schaffen können.

SO war, ist und bleibt diese Menschheit!

Der sich abzeichnende, verbleibende Weg, den wir alle gehen werden, wird sein, wie der Spruch:
Die Ratten verlassen als Erste das sinkende Schiff!

Die Ratten

„Die Ratten …", das braucht hier nicht länger und ausführlicher diskutiert zu werden. Jedem dürfte klar sein, was mit diesem Ausspruch gemeint ist.
    Wenn ein Schiff untergeht – wie jetzt die Menschheit – verlassen diese Tiere als Erstes das Schiff.

Wie aber wird dies im Falle Menschheit vonstattengehen?!
    Die R…, die Menschheit hält sich da eine Schicht/en, die aus „vielen" Wohlhabenden und Reichen besteht, und natürlich denen, die sich Elite nennen. Bewusst und unbew…, nein unbewusst nicht, das darf man ihnen nicht unterstellen, sie alle wissen längst, was die Stunde, die Zeit

geschlagen hat. Ob Bundeskanzler/in, Minister oder kleiner Abgeordneter, ihnen allen ist der derzeitige Zustand unserer Erde bekannt und sie wissen, worauf ihr Tun hinausläuft.

Vielleicht leben sie ja gerade deshalb **SO** unmenschlich?!

Aber zurück zu den Schiffsflüchtlingen: Schön und gut gemästet, fährt das Schiff mit den reichen Ratt... über die Meere, heute hier und morgen dorthin. Immer dorthin, wo noch was zu holen ist. Doch wo noch was zu holen ist, wird es immer weniger:

Ob Öl, Erdgas, Erze oder das heißbegehrte Wasser, alles, was der Mensch zum Über/leben braucht, wird zunehmend weniger – von der Oberschicht sinnlos verplempert.

Die Veränderungen, die das Klima mit sich bringt, gar nicht oder vielleicht doch, mit berücksichtigt – denn die Veränderungen dadurch sind riesig und werden das „Ende" wesentlich schneller, als es auch den „Schiffsleuten" lieb ist, bringen.

Da bringen auch neue Erkenntnisse und neue Techniken nichts von zurück.

Das, was es an Menschen zu viele auf der Erde hat, um überleben zu können; wird man in Kriegen und Katastrophen verheizen oder untergehen lassen – oder sie verhungern oder verdursten nur ganz einfach.

Vielleicht aber **SO**rgt auch die Erde schon durch entsprechende Veränderungen, Katastrophen, für große Reduzierungen.

Dort, wo dieses geschieht, wird das Leben und ist das Leben für die Menschheit für alle Zeit zu Ende.

Wer in dem großen Schiff noch mitschwimmt, sind die Oberen der Wohlhabenden und Reichen – und mit ihnen einige Eliten?!

Doch wer **SO**ll die Arbeiten machen, für die man vorher seine Sklaven hatte – die wussten, wie's geht!? Sie alle sind nicht mehr da! – müssen ersetzt werden – durch wen?

Zwar hat man genug „Reichtum", um mehr als tausend Jahre davon leben zu können ohne irgendwelche Einschränkungen.

Hier funktioniert doch das alte System nach wie vor:

Der Stärkere hat das Sagen – und das sind ohne erst raten zu müssen – genau, die ...

Die, die sich heute nicht gegen diese Tatsachen stellen, und stattdessen noch aktive Mitläufer und Befürworter dieser Lebensweisen sind, gehen als nächste Schicht verloren – werden und müssen gnadenlos geopfert werden!

Nicht zu vergessen: Die Schicht der Reichen – alles Menschen, die auf Kosten und der Arbeitskraft anderer reich geworden sind – ist inzwischen übergroß geworden, und sie alle „segeln" auf diesem Ozean jetzt ohne Ziel dahin – denn es gibt keines mehr.

Auch das heute noch ärmste Land ist längst ausgebeutet – die Reichen von dort längst auf einem dieser Schiffe.

Versucht ein Schiff mit diesem Frachtgut irgendwo anzulanden, stößt es auf erbitterte Abwehr und muss weiterziehen.

Doch auch die Bedingungen auf See werden rauer und nach und nach werden die Schiffe weniger.

Gab es bis dahin das ungeschriebene Gesetz, Schiffsbrüchigen zu helfen, ist man jetzt froh, sie untergehen zu sehen – bis es für einen selbst **SO**weit ist.

SO – Ist das nicht menschlich und christlich?

Was bleibt, ist vielleicht ein einziges Schiff.

Und das Überleben?

Wasser – auf dem schwimmt man ja – ist al**SO** genug da.

Und das von oben, das Regenwasser?

Fährt das Schiff nicht gerade in regenarmen Zonen, kein Problem – oder vielleicht doch?

Ob Wasser, in dem man schwimmt oder Wasser von oben – alles nur verseucht – und die einzige Nahrung, die aus dem Meer, ist nicht anders beschaffen – wenn, überhaupt noch da.

SO wird das Schiff denn eines Tages ohne den Steuermann irgendwo stranden oder in einem Sturm untergehen.

Die Ratt... verlassen, wenn noch möglich – und nicht verblichen – auf dem dahin dümpelnden Schiff dieses und gehen an Land. An ein Land, das nichts mehr zum Überleben bietet – um weiterzuleben.

Wer sich heute einbildet, das Leben der Menschen hier gehe weiter wie bisher, ist ganz einfach ein Tor und will die Wahrheit nicht sehen.

Das Leben unserer Rasse war und ist begrenzt und hat mit dem Lauf des Planeten Erde sehr wenig zu tun.
    Genau deshalb aber leben viele, und vor allem die Sager dieser Menschheit, nach dem Prinzip:
        Nehmen was immer man bekommen kann, SOlange man lebt!
Ohne Rücksicht auf Verluste.

Wer die Augen aufmacht und sehen will, muss mitbekommen; wie eine Schicht, Gesellschaft, Behörde, ein ganzer Staat/en nach diesem Prinzip regiert wird:

    Die Wohlhabenden leben von der Arbeit der unteren Schichten.

Die Vergütung, der Löhne, das Einkommen dieser Schichten hat nichts, aber auch gar nichts, mit der „Leistung" zu tun, die sie erbringen, geschweige denn der Allgemeinheit, dem Volk, in dem sie leben, als Beitrag einer Gemeinschaft leisten.

An diesem Prinzip hat sich über die Jahrtausende der Menschheitsgeschichte nichts verändert und wird bis zum Schluss auch **SO** bleiben.

Globalität gibt es nur für die Wohlhabenden, und da sie wissen, dass jedes Leben nur seeehr kurz ist, nehmen sie, was ihnen wohlhabende „Sager" zukommen lassen.

Immerhin hat es jetzt schon jemand fertiggebracht, die Schäden, die durch diese Menschheit produziert werden, auf eine lächerliche Summe die in die Billionen geht, zu beziffern – und das global gesehen!

*Armer Irrer, auch er spricht nicht die Wahrheit aus. Sagt nicht, dass dies **SO** nur sein könnte ,wenn keine weiteren Veränderungen mehr dazu kämen, doch das ist reines Wunschdenken – die Natur bringt ständig neue Beweise dafür!*

Global gesehen nimmt die Armut ständig zu und die Wohlhabenden ebenfalls. Eine Schicht, die als Puffer dazwischen steht, gibt es (dann) nicht mehr, doch wehe den „Oberen", wenn es **SO**weit ist.

Fast alles, was heute geschieht, zeigt doch ganz klar, dass die überwiegende Mehrheit derer, die von sich sagen und das „C" benutzen, dass sie selbst in Wirklichkeit nicht an G… glauben, ihr Reden und Handeln dies einfach widerlegen.

Alleine darum ist die Menschheit heute **SO**, wie sie ist – vorwiegend!

Die Christlichkeit, gestern und heute: Die oft und viel gepriesene, wird von diesen Schichten, doch nur für ihre Zwecke, ihren Nutzen, geduldet und für nichts anderes!

Klöster von Nonnen oder **SO**lche von Ordensbrüdern; wofür waren sie da, wozu hat man sie früher und heute genutzt, doch nur darum, um Wissen und Können weiterzuentwickeln, zu ab**SO**lut null Kosten. Da schließen sich Caritas, und wie die wohltätigen Organisationen alle heißen, mit ihren Null- oder Mini-Löhnen doch nahtlos an.

Sie übernehmen freiwillig (?) die Arbeiten, die der Staat doch nur für, gegen teures Geld bekäme – **SO**nst nicht!

SOmit, dadurch, ist auch zu verstehen, warum dieser Staat für einige Religionen die Kirchensteuer eintreibt – wie **SO**nst.

Wer schon kann **SO**lches Verhalten von einem Staat als christlich oder ehrlich halten – es ist wie vieles, was dort geschieht, verwerflich, kriminell – und sie schämen sich nicht einmal dafür – sind ehrenhafte (?) redliche Bürger – nicht!

SO – ist „Der (kleine) große Unterschied"

(Titel in der Zeitschrift Publik von ver.di, Ausgabe 04 / 08)

Die nachstehenden Bilder mit ihren Artikeln zeigen uns genau und deutlich, wie die oberen Schichten dieser Bevölkerung denken und sich nicht einmal schämen, öffentlich dazu Stellung zu nehmen.

Der Vergleich zeigt doch deutlich: Je nachdem, aus welcher Sicht und Stellung man es sieht, dass vieles eine andere Sichtweise hat und ergibt, wenn das eigene Einkommen ein anderes ist und man es mit einem anderen vergleicht!

Nicht zu leugnen: Der Unterschied dieser beiden Personen im Einkommen ist schooon gewaltig, und doch steht auch der Vergleich des Wohlhabenden zum Reichen hin genau **SO** beschämend da!

Stehen dem miesen Einkommen des Ökonomen von **65,10** Euro/h. ganze beschämende, menschenverachtende **5,16** Euro/h der Friseurin gegenüber,
> *was rein rechnerisch ein Verhältnis von 1:12,64 ausmacht.*

Richtig: die Nebeneinkünfte des Ökonomen nicht berücksichtigt!

Und: Sie haben nicht falsch gelesen, das Wort „miesen".

Obwohl der Ökonom ein Vielfaches der Friseurin hat, ist er im Vergleich zu vielen anderen in unserer Gesellschaft, doch, zieht man hier nur einen rein rechnerischen Vergleich, ein armes Schw…

Doch eines dürfte jedem klar sein: Bei der Friseurin ist es einfach nur zu wenig, reicht für ein menschenwürdiges Leben, auf unterster Ebene vom Leben, nicht aus!

Der Ökonom aber hat, nach derzeitigen Verhältnissen, ein abSOlut ausreichendes Einkommen, das jedem Reichen als Einkommen reichen müsste und könnte!

Wäre es SO, dass dieser und andere Staaten eine Einkommens- und Besitzobergrenze festgeschrieben hätten, es gäbe vieles Überflüssiges und durch diese Ungerechtigkeiten hervorgerufene Missbildungen, in unserer Gesellschaft nicht!

Wer zu wenig Fantasie hat, sich all diese, durch die große Ungerechtigkeit entstandenen Probleme selbst auszumalen, der frage eine/n, die/der es kann!

SOrgen doch alle Regierungen dafür, dass Ungerechtigkeiten entstehen und verwaltet werden – zu eigenen Nutzen!

BARBARA SEILER braucht den Mindestlohn

Beruf: Friseurin
Alter: 62 Jahre
Arbeitsplatz: seit 30 Jahren im Astoria Salon International, Leipzig, 45 Berufsjahre
Familienstand: geschieden, 1 Kind
Einkommen: 5,16 € Stundenlohn

Sie sagt:

„7,50 Euro wären schon ein **Lichtblick** *aber gerecht ist das auch noch nicht"*

weise deutlich unter dem von den Gewerkschaften geforderten gesetzlichen Mindestlohn von 7,50 Euro liegen.

beiverbänden die Aufnahme in das Entsendegesetz beantragt. Ein anderer Arbeitgeberverband verweist auf seinen Tarifvertrag mit Christlichen Gewerkschaften. Hier liegen die Stundenlöhne noch niedriger als beim DGB. Deswegen will die CDU verhindern, dass der mit dem DGB abgeschlossene Vertrag für allgemeinverbindlich erklärt wird.

FOTOS: EISKOP / LARS BERTRAM BÖLKOW

Obwohl sie ein Leben unterhalb eines menschenwürdigen Einkommens lebt, hat diese Frau noch ein gewinnendes Lächeln im Gesicht!

Zieht man reinrechnerisch zum Ökonomen einen Einkommensvergleich, **SO** ist auch „er", ein fast, genau**SO** armer Hund wie die Friseurin.

   Vergleicht man ihn nach oben hin mit Einkommen einer Schicht, deren Jahres-Gehälter sich über einer Million, bis hin zu nur fünfzig Millionen Euro im Jahr bewegen, **SO** ergibt auch dieses Verhältnis, eben dieses miese Bild.

Vom Ökonom zum einfachen Millionär ist das Verhältnis etwa wie

1 : 6

… zum fünfzigfachen Millionär etwa

1 : 300

Nehmen wir das Verhältnis der Friseurin zum einfachen Millionär, **SO** ist dies

1 : 90

… und zum fünfzigfachen Millionär lediglich

1 : 4.500

SO viel Mensch mehr, kann kein Mensch sein: Wie viel Hände, Beine und was für ein Gehirn/Masse müsste dieser haben?!

... lebt es sich besser"

HANS-WERNER SINN bekämpft den Mindestlohn

Beruf: Ökonom
Alter: 60 Jahre
Arbeitsplatz: u.a. seit 24 Jahren am Lehrstuhl für Nationalökonomie der Ludwig-Maximilian-Universität München und im Aufsichtsrat der Hypo Vereinsbank
Familienstand: verheiratet, 3 Kinder
Sockeleinkommen: 65,10 € Stundenlohn (hinzu kommen u.a. Bezüge als Präsident des Instituts für Wirtschaftsforschung (ifo), als Honorarprofessor, und aus Beratertätigkeiten)

„Ein wichtiger Tag für die Durchsetzung von Mindestlöhnen in Deutschland", sagte SPD-Generalsekretär Hubertus Heil am 31. März. Sein Gegenspieler von der anderen Regierungspartei, Ronald Pofalla (CDU), sieht diesen Tag ganz anders: Monatelang hat die SPD behauptet, ganz Deutschland fordert einen Mindestlohn. Jetzt wird klar, das war eine der fatalsten Fehlleistungen

(Druckfehler liegen beim Übertragen)

Beide, **SO** hört man, **SO**llen nackt geboren und Menschen sein, und **SO**llen in etwa (?!) dieselben Grund-Bedürfnisse zum Über/Leben haben und brauchen.

Da tauchen Fragen über Fragen auf – nach unserer Gesellschaft, unserer Demokratie, unserem Recht, nach Christentum oder dergleichen, nein, danach nicht, denn mit Christentum oder gar Christ sei, hat dies alles nichts zu tun, und:
  mit unseren Rechtsstaatsystemen und deren Hüter/INen – nein!

Und, nicht zu vergessen, was aus diesen Fehlverhalten aller zuvor stehenden Schichten, Vereinigungen, Verbände, Behörden und Missachtung der Artikel unseres Grundrechts, wird!

Aber:

Wir müssen uns erst einmal die Frage stellen, wie, woher und wodurch die Artikel des Grundgesetzes stammen:

Der Zweite Weltkrieg war zu Ende, eine neue Regierung wurde ernannt, in der alle (?) Un/Wissenden? der vergangenen Jahre, der vorherigen Regierung – die frei gewählt war (?!)– auch das Sagen, das Wissen aus diesem hatten.

Es wurden einige §§ ganz mit übernommen und die neuen kamen alle aus den alten Köpfen – nur viel edler (?!).

Man **SO**rgte zunächst dafür, dass alle, die auf dieser „Berufsebene" etwas taten und sagen durften, von jeglicher Verantwortung entbunden wurden – man machte sie per Gesetz *immun!*

Wer gar glaubt, dies sei alles, was man für seine Klientel tat und veranlasst/e, der irrt, man **SO**rgte für Gesetze, die zwar dem Grundgesetz, den Artikeln widersprechen, die aber jegliche Verfehlungen – auch strafbare – durch die vom Gesetzgeber gemachten Ergänzungen – Gesetze abdeckten, diese Per**SO**nen straffrei stellten.

Dass dieses Verhalten jeder Demokratie widerspricht, steht außer Diskussion.

Nicht vergessen **SO**llte man die vielen Schweinereien, die noch auf oberer Ebene durchgeführt und veranlasst werden. Oder einfach nur: geboren werden.

Wen schon wundert es da, wenn auch Reiche, die wenig zu sagen haben, diesen Negativvorbildern nacheifern!

Bleibt hier noch die Frage nach der Zukunft unserer Rasse!

Stellt schon die „Umwelt", die auch wir in Deutschland unter der Führung von „frei" gewählten Abgeordneten, Volksvertretern immer mehr zerstören, das eine große Problem dar, **SO** bringen es diese Volksvertreter nicht nur unbewusst fertig, dieser Menschheit auch alles andere, was nicht sein müsste – an Katastrophen – zu bereiten.

Nehmen wir nur ein Beispiel: der Verkehr, das Auto.

Wobei, ob hier mit dem Auto angefangen werden SOll, ist eigentlich gleich, das Ergebnis ist sehr ähnlich.

AlSO nicht bei LKW, Flugzeug oder dem Motorboot, der Yacht.

Treibstoff SOll, SO hört man – seit Jahrzehnten – *gelegentlich* teuer und knapp werden, und knapp mit Sicherheit.

Das teuer stört kaum einen Selbständigen, Unternehmer, leitenden Angestellten oder Behördenvertreter – sie haben's ja nicht zu zahlen, es ist der Steuerzahler, der Kleine Mann, der dies für sie übernimmt!

Inzwischen hat sich gezeigt, leider viel zu deutlich, was diese Entdeckungen, Entwicklungen von Ersatzkraftstoff gebracht haben und noch bringen.

Wie man auch hört und im TV sieht, SOll es, gibt es Länder, wo Lebensmittel, Grundlebensmittel knapp werden, und wie man weiter hört, können aufgrund dessen, in den nächsten Jahren Millionen von Menschen verhungern!

    Und wen stört das?!

Keine Angst!, „uns hier kann es ja nicht treffen, wir leben und haben ja alles nur „Eliten", die uns leiten und nur Gutes bescheren – wollen"!?

Nehmen wir nur schnell noch diese Auswirkungen auf unsere Existenz grob überschlägig mit dazu, SO kann man nur sagen; ein rosige Zukunft scheint es da nicht zu geben, nicht für uns und schon gar nicht für den Rest der Menschheit! – Und unsere Kinder?!

Seit Anfang der 70er Jahre (1970) weiß man sicher, was mit der Umwelt und den Grundstoffen für den lebenswichtigen Kraftstoffen ist – gleich Energie.

Trotzdem haben alle Regierungen, bisher, in dieser Richtung versagt, um eine Minderung, ja Besserung bei diesen Problemen einzuleiten.

Wer von ihnen glaubt gar, er sei SO stark und könne gegen die eigene Partei oder die eigene (Ober)-Schicht anstinken, um Nötiges zu erreichen!

Nehmen wir die viel zitierte Aussage unserer Kanzlerin. Sie wolle sich für den Umweltschutz persönlich einsetzen – und die vielen ihrer anderen Äußerung in dieser Richtung.
Und was ist bisher geschehen –von ihr?!

Wir sind Weltmeister bei den großen, spritfressenden und dazu noch umweltbelastenden Autos.

Da wäre es leicht, der EU-Gesetzgebung zu folgen und nicht gegen neue verschärfte Richtlinien zu kämpfen, den Verbrauch zu reduzieren und die Umwelt, mehr als nötig, zu belasten.

Und die Kanzlerin – könnte genauSO gut ein Kanzler sein – redet schon alleine in dieser Sache genau dagegen. Weil dies, ihre Klientel, die Reichen, die Autoindustrie beträfe und sie als Persönlichkeit eine Macke in ihrem Erscheinungsbild erleiden würde.

Aber nicht nur sie, SOndern auch die Partei, der sie sich angeschlossen hat/ haben!

Die Gesamtheit, die menschliche Globalität aber ist ihr dabei völlig gleichgültig. Sie steht schließlich unter dem Leitbild der Partei, von der und für die sie gewählt wurde.

Doch es gibt dazu auch noch andere, die sich zu Wort melden!

Doch zuvor zurück zum Auto:
Deutschland, eines der führenden Länder bei der Autoproduktion – noch – geriete ins Chaos, bräche, wie absehbar, die Fertigung von Kraftfahrzeugen gravierend ein.

Zu viele Arbeitsplätze hängen einfach von diesem Wirtschaftszweig ab. Das aber war und ist seit Jahrzehnten von einem großen Teil der Bevölkerung erkannt worden – doch geschehen ist nichts!

Gründe dafür:
Zu Ende gehender Kraftstoff verteuert diesen zu einem von den meisten Menschen nicht mehr bezahlbaren Gut.

Die zunehmende Ungerechtigkeit bei der Vergütung seiner Arbeitsleistung (Lohn, Gehalt), macht bei vielen das Halten eines Autos unmöglich.

*Hier kommt hinzu, dass man vergessen hat – **SO** wie **SO** – für diese Fälle vorzu**SO**rgen und der Bevölkerung Mobilität auch weiterhin anbieten zu können – wie da wäre ÖPNV, Öffentlicher-Personen-Nah-Verkehr.*

VorzuSOrgen, gleich VorSOrge, wäre: Angesichts des Wissens über die noch vorhandenen Ressourcen die Wirtschaft auf das Minimale an Verbrauch einzustellen, herunterzufahren, damit sie noch möglichst lange reichen!

*Die vielen anderen Faktoren, die den Wirtschaftszweig Auto mit beeinflussen, **SO**llen hier ungenannt bleiben.*

SO – ein Holz

Holz?! Ja, Holz.
  Es wächst im Wald und an vielen anderen Stellen auf unserer Erde und ist für unendlich viele Dinge verwendbar, und für den Menschen lebensnotwendig!

Im wachsenden Zustand SOrgt es für die Reinerhaltung der Luft, für die Verfestigung der Erdoberfläche. Für industrielle Zwecke ohne Ende, aber auch dafür, dem Menschen Wärme und Feuer zu geben, um heizen und kochen zu können … ..

Heizen, und in den Jahrhunderten, als man Schiffe nur aus Holz baute, war der Raubbau des Holzes SO groß, dass es um die Zeit 1890 kaum noch Wälder gab.
  Die Zeit, als auf der Weltausstellung 1892 in Paris, die erste Solaranlage gezeigt wurde – weil sie aus der Not geboren notwendig war, andere Energien zu finden um weiterleben zu können!

Doch sieht man sich den Industriebereich an, muss und stellt man fest, dass da an vielen Stellen – wie in fast allen Bereichen der „Freien Marktwirtschaft" – mehr als Schindluder mit diesem wichtigen Rohstoff betrieben wird.

Aber es gibt einen Bereich, der Wirtschaft und den Verbraucher betrifft, der mehr als zu Himmel schreit: die Werbung:

Täglich werden hierfür Tausende Tonnen Papier benötigt, die aus Holz gewonnen werden.

Zum Reichtum einiger, aber zum Ärgernis vieler Empfänger, die mit dieser Werbung nicht wissen, was sie damit anfangen SOllen, ja diese wegwerfen.

Ein mehr als sinnloser Vorgang nicht nur zum Schaden der Natur – Umwelt – nein, dieser trägt auch zur Vernichtung des Menschen bei.

Und, sieht man noch genauer hin, in den Bereich der IT-Technik, dann glaubt mancher zunächst – der Werbung nach – man brauche kein Papier (Holz) mehr.

Doch halt!, Tatsache ist leider, die dort gespeicherten Daten sind nur für kurze Zeit „sicher" gespeichert – wer mehr will und fordert, dem bleibt nur der Ausdruck auf Papier – wie früher auch.

Der Fall „Holz" zeigt alSO zu deutlich, dass die von den wohlhabenden Schichten gewählte Form, die „Freie SOziale-Marktwirtschaft", für das Überleben der Menschheit nicht tauglich ist – und alle, und alles damit und dadurch Verbundene mehr als nur zu beanstanden ist, weil schuldig am vorzeitigen Aus unserer Art!

Zeitungs-/Artikelüberschriften mit Aussagekraft!

GN Grafschafter Nachrichten vom 01.12. 07:
„Aufschwung kommt bei vielen Menschen nicht an"
DGB-Chef Sommer sieht „ernüchternde Halbzeitbilanz" der großen Koalition

GN vom 14.12.07:
„Union gegen Kinderrechte in Verfassung"
Gehb: Weckt falsche Hoffnungen

GN vom 16.12.07:
„Bevölkerung misstraut Führungseliten"
dpa Genf

GN vom 20.05.08:
„Armutsbericht heizt Streit um Steuern an
   SPD will Reiche belasten – Union für Senkungen"

<blockquote>
„Wir brauchen
eine neue
Solidarität"
</blockquote>

(Karl Lauterbach, SPD-Politiker)

Eine Erkenntnis, die es seit Jahrzehnten gibt. Sie käme zwar spät –
wenn sie denn käme – doch in Wirklichkeit kommt sie nie!

Die zuvor **SO** oft zitierte GN ist selbst eine Zeitung, die sehr mit
Vorsicht, Misstrauen zu betrachten ist. Sie beeinflusst ihre Leser durch
falsche, halbe, gekürzte oder unter ihrer Regie geschriebene
Kommentare, die sie dann zu Massen veröffentlicht!
   Ihre Leser al**SO** stillschweigend beeinflusst.

Werfen die wohlhabenden Regierenden schon ihrer Klientel das Geld
ständig durch neue Steuergeschenke in den Rachen, **SO SO**llte man
zumindest auf gehobene Luxus-Artikel eine **SO**lche Steuer erheben.
Eine Luxussteuer al**SO**.
   Dies träfe auch jeden Armen, der sich ein **SO**lches Luxusobjekt
leisten will – zu Recht.

Doch Gerechtigkeit, gibt es auf dieser Erde nicht!

KOMMENTAR
Teufelskreis durchbrechen

Von Jürgen Wermser

Es klingt so schön einfach: Wenn es größere Armut gibt, müssen die Reichen eben mehr Steuern zahlen. Dann hätte der Staat genug Geld, um zu helfen und allen ein besseres Leben zu ermöglichen.

Diesem Muster folgen auch viele Reaktionen auf die erschreckenden Zahlen des Armuts- und Reichtumsberichts der Bundesregierung. Vermögen, hohe Einkommen seien eine fast unerschöpfliche Quelle zur Linderung allen Übels. Der Fiskus müsse nur kräftig zugreifen.

Zum Glück hält vor allem der Bundesfinanzminister dagegen. Denn jedes Anziehen der Steuerschraube würde die Lage aktuell verschärfen. Nicht Umverteilen ist derzeit die vorrangige Aufgabe, sondern mehr gut bezahlte Arbeitsplätze zu schaffen.

Dazu muss sich der Staat auf Haushaltssanierung und Zukunftsinvestitionen in Bildung sowie Infrastruktur konzentrieren. Insbesondere darf er nicht durch zu hohe Steuern und Abgaben immer mehr „Normalverdiener" in die Armutsfalle drängen.

Erst finanziell abwürgen und anschließend unzureichend helfen – diesen staatlichen Teufelskreis zu lasten der Mittelschicht gilt es zu durchbrechen. Gelingt das, würde auch mehr öffentliches Geld für diejenigen übrig bleiben, die es aufgrund ihrer Lebensumstände dringend und zu Recht benötigen: Arme und Schwache ohne berufliche Perspektiven.

autor@gn-online.de

SO oder ähnlich sind viele der Medienberichte oder Kommentare zu aktuellen Vorgängen, die die Mehrheit der Menschen bewegen.

Eine klare Stellung nehmen sie nicht. Sie wollen keinem „Kunden/Wähler" auf die Füße treten und sagen **SO** die Wahrheit nicht – oder bringen damit nur noch mehr Verwirrung unters Volk.

Tatsache ist doch: dass Armut nur dort entstehen kann, wo es Reichtum gibt. Und wie oder wodurch diese Armut oder der Reichtum entsteht, ist völlig gleich. Eines aber ist genau **SO** sicher: Es ist immer die **Ungerechtigkeit,** die der Verursacher dafür ist.

Zu glauben, dass es ernsthaft niemanden gibt, der diesen Artikel wirklich guten Gewissens glauben kann.

Richtig ist: Bei einer gerechteren Verteilung der erwirtschafteten Leistung eines Volkes müsste keiner Hunger leiden und unter der Armutsgrenze leben.

Dass jeder, der Spitzenleistungen bringen kann und bringt, ein höheres Einkommen haben **SO**ll, ist eben**SO** unzweifelhaft.

Nur was passiert und wie läuft es wirklich – leider - überall auf der Welt (Erde); Man frisst sich selbst satt, und damit es nicht **SO** sehr auffällt, schiebt man oder akzeptiert es, dass andere noch mehr haben und bekommen, als man selbst zum „versa... guten Leben benötigt!

*Die Aussage, dass der Staat für mehr Gerechtigkeit nur **SO**rgen könnte, wenn er von den Reichen mehr Steuern einnähme, und an die anderen Schichten weitergeben könnte, ist und bleibt eine Mär – da dieser Gedankengang **SO** unrichtig ist, wie schlimmer es nicht mehr geht.*

Als Zwischenbemerkung sei nur gesagt, *dass die Leistungen, die ein Volk erbringt, doch eine Gesamtleistung ist.*
 *Dass aber diese erbrachten 100% von den etwa 10% Reichen erbracht werden, **SO**llen und können, dürfte doch jedem klar sei, dass es **SO** nicht ist!*

*Nehmen wir das **SO** oft gehörte Wort von den Lohnnebenkosten.*
 Was ist dran an diesem Wort: Richtig; bisher waren die Leistungen, die diese Lohnnebenkosten ausmachen, noch ziemlich zufriedenstellend. Doch die Bedingungen werden seit Jahren schlechter und schlechter!

Ein Produkt hat einen Preis – auch das dürfte jedem klar sein –, der sich aus dem Preis für das Material, aus dem es besteht, und dem Arbeitslohn, zu dem auch die Lohnnebenkosten gehören, zusammensetzt.
 Dies ist der reine Herstellungspreis.
 Weiter dazu kommen die Nebenkosten wie Werbung – eine nicht kleine Sparte, die Logistikseite – wie man es heute nennt – und einiges mehr.
 Nicht zu vergessen: der Gewinn.
 Könnte? man bei den Lohnnebenkosten noch das Gehalt des Chefs und ähnlich gestellter Personen in einem Betrieb dazu zählen, **SO** reicht dies für die Preisbildung eines Produktes, heute, bei Weitem nicht mehr aus.

Auf diese im Normalfall gültige Regel kommt der Faktor der Spekulation, des Gewinns, für die Damen und Herrn oben an der Spitze eines Unternehmens, und schon gar nicht zu vergessen – wenn es Aktionäre gibt – die Gewinne, die Spekulationsgewinne dieser mit und für Geld jonglierenden Schicht.

Dieser treibt den Preis ins oft Uferlose!

Wer's nicht verstehen will; noch einmal:

Ein Betrieb mit z. B. einhundert Beschäftigten:
    Ein Arbeiter hat ein Nettogehalt von 1.600 Euro/Monat.
    Der Chef und seine 10 zur Führungsriege gehörenden Mitarbeiter dürften zusammen Bezüge von über 75.000 Euro pro Monat haben (eine lächerliche Summe).
    Das würde, für gut 46 Beschäftigte der unteren Reihen, denen, die die eigentliche Arbeit erbringen, das Produkt fertigen, reichen.
    *Und, ist da auch nur einer, der glaubt, seine Leistung sei **SO** viel mehr wert als die von anderen? – Doch, man glaubt es, will es glauben.*
    *Dabei ist das vorstehende Beispiel ein **SO**wohl nach oben als nach unten hin offenes – meist nach oben hin.*

Wenn SO nicht, dann ...

Es war **SO** und bleibt **SO**, das ist bei einigen Dingen leider wahr.
    Da arbeitet jede Regierung dran, dass es **SO** bleibt, und auch alle, denen die Zukunft der Menschen gleichgültig ist!

Doch es gibt vieles, was sich mit den Jahren, der Zeit ändert, von selbst, durch die Natur und noch nachhaltiger durch das maßlose Verhalten der „sagenden" Menschen.

Wurde die Kluft zwischen Armen und Reichen vor viiiiielen Jahrhunderten festgeschrieben, **SO** befindet die Menschheit sich jetzt an einer Stelle, einem Zeitpunkt, wo sie das Verbleiben auf diesem Globus nicht nur infrage stellt.

Den Zeitpunkt für diese, ihre Zukunft hat sie, weil sie sich von gierigen Menschen etwas vormachen lässt und selbst nicht nachdenken und Verantwortung tragen will, verspielt.

> *Es sind keine Spinner, keine Schwarzseher oder Angstmacher, die uns erzählen, wohin die Reise, die Zukunft geht. Nein, die Wirklichkeit wird* **SO***, wie es aussieht, immer noch verharmlost – und schlimmer!*

Zeit, etwas am System zu ändern, hatte man lange genug.

Vor Jahrzehnten wusste und weiß man, was geschehen muss und wird.

Heute zeigt die Sparte Energie voll, wo wir hingehen und steuern.

Und alleine dies zeigt zu genau, wessen Geistes Kindern wir ausgesetzt sind.

Der Glaube vieler, eine Regierung mit „edlem" Namen tue auch etwas für die Allgemeinheit, fürs Volk, unterliegt dem Irrglauben.

Ziel all dieser Personen ist es, die Massen in Schach zu halten, für „Ruhe" zu **SO**rgen, um ihren Reichtum zu mehren.

Jede Regierung, die Menschen, die sie mit Ver/Antwortung erfüllen **SO**llten, arbeiten, wenn, nur für den Erhalt von Arm und Reich.

Sie wollen vergessen, dass nur eine globale-Menschheit eine Zukunft hat – nicht die, die sie vertreten.

Eine SO wie die andere

Sie wehren sich mit Händen und Füßen und suchen ihr Glück in Ausreden, und haben und tragen irreführende Bezeichnungen und ihre Formulierungen sind wahre Akrobatik in der Sprache.

Längst wissen wir, dass Rot nicht gleich Rot ist, und Mensch nicht gleich Mensch.

Auch wenn im **Artikel 3** ganz klar steht:
Alle Menschen sind – vor dem Gesetz – gleich.

Auch wenn der **Artikel 14 Abs. 2** lautet:
Eigentum verpflichtet. Sein Gebrauch soll zugleich dem Wohl der Allgemeinheit dienen.

Größere Lügen und Unwahrheiten kann es im Gesetzes-Wesen nicht geben.
Aber, sie sind ja auch von Menschen gemacht worden, und werden von **SO**lchen „überwacht" (?), die nicht anders denken als die Erstgenannten.

Seien Sie ehrlich: Haben Sie je von einem Politiker oder Richter, einem, der etwas sagen darf, gehört (?!), der diese Worte benutzte, den Artikel 14 nutzte, geschweige davon etwas in die Tat umsetzte?

Selbst gemacht und dann, wenn's nicht ganz passt, auch selbst eine andere Auslegung der Worte gewählt. Heute **SO** und morgen **SO**, aber immer nur ein und dasselbe Ziel vor Augen: den eigenen Wohlstand.

Kam doch dann der Herr von der SPD an die Reihe – als Bundeskanzler – der alles anders machen wollte. Anders nicht**, SO**ndern **SO**, wie es seine Gegenspielerpartei im Parteibuch stehen hat.
Doch was tat er? Er näherte sich mit seiner ganzen Kunst und Raffinesse den Verhaltensweisen und Bestreben genau dieser „C"-Partei an.

Genau aber diese Partei ist es, von der es sich zu trennen rät.
Mit ihr hat das deutsche Volk **SO** gut wie, keine Zukunft mehr.
Nicht nur das deutsche Volk, überall in den Ländern, wo nach gleichem oder ähnlichem Schema regiert und verwaltet wird, ist und oder besser wird eine **SO**lche Partei überflüssig!

Wie überflüssig, zeigt die ausufernde Bilanz der Energiekosten.
Alle müssen sie zwar tragen, aber treffen tut es nur die unteren Schichten.

Und: Bei einer Lohnerhöhung hat genau er, der Staat, den meisten Nutzen davon. Mit steigendem Lohn steigt auch der Steuersatz. Das ist nun mal **SO** – bei dieser Steuerpolitik.
Richtig wäre, der Steuersatz würde der Lohnsteigerung entsprechend angeglichen – das wäre gerecht. Und für jeden der gleiche Betrag!

Diese stille Entwertung macht aus Begüterten Arme. Und die nach oben hin aufgehende Einkommensschere tut das Ihrige dazu.

Die Frage, „Was bringt die Energie in Zukunft?", **SO**llte sich jeder selbst beantworten – denn die Antwort ist doch äußerst einfach.

Zeigt sich noch etwas: das oder die Ergebnisse bei Wahlen.
Es ist keine vorübergehende Erscheinung. Nein, eine bittere Notwendigkeit, anders zu wählen – zu können und zu tun.
Anders, das heißt; eine Partei mit einem anderen Programm, anderer Gesinnung, denn: Die Zeiten mit Arm und Reich sind eigentlich lange schon abgelaufen.
Diese Tatsache aber will DIESE Partei nicht sehen – sie wäre schließlich nicht nur überflüssig – als Partei, nein, sie alle müssten wohlmöglich von ihrem hohen Ross und Habe herunterkommen!
Was nicht heißt, dass es bei einer neuen Partei nicht auch Personen gibt, die genau **SO** un/ehrlich sind wie in zuerst genannten Parteien.

Was wir als Politiker und ..., als Partei bezeichnen, sind doch meist alles nur Personen oder Vereinigungen, die den eigenen Wohlstand im Blickfeld haben – aber nicht den des ganzen Volkes!

Alle?! Parteien unterliegen dem Glauben und dem Willen, geltende Artikel des GG sowie nachgemachte Gesetze zu missachten.
Das fängt an bei der Besetzung des Bundestages, dort findet man nur noch Juristen, Professoren, Doktoren usw., nicht aber „einfache" Personen aus dem Volke – wie es sein müsste. Dadurch entfällt die Vielzahl an Argumenten und das Wissen von eben diesen Schichten.
Ein Vorgang, der von fast allen Medien und der Werbung praktiziert wird.

Fähigen Personen aus diesen Schichten, die oft über umfangreicheres Wissen und Kenntnisse als die meisten Fachidio... verfügen, lässt man **SO** erst gar nicht zu Worte kommen.
Eine tolle Idee und Verantwortung!

Ob Bischof, Bundespräsident, Kanzler/In oder wer auch immer, es sind fast nur leere Worte, die sie alle reden, wenn sie Dinge wie Gerechtigkeit, Teilen, und ... **SO**lche Worte aussprechen.

Wer von ihnen kann schon einem Armen nachfühlen und dann, entsprechend handeln?

Richtig wäre, dass jeder einmal in seiner „reiferen" Jugend für mindestens ein Jahr lang **SO** leben müsste wie jemand lebt, der auf der untersten Stufe von Leben in Deutschland lebt.

Nur dann könnte er/sie verstehen und vor allem handeln, wie es richtig wäre zu leben!

Sieht man sich einmal in den Schichten um, vergleicht man einmal die Verhältnisse und das Tun und Lassen der UNTEREN-, der MITTEL- und der OBER-SCHICHT, kommt man zu beschämenden Erkenntnissen und Feststellungen. Feststellungen, dass kein Land der Erde, in einer Demokratie lebt – und erst recht kein Rechtsstaat ist!

SO – ans Licht ...

Vieles kommt, ob man`s will, oder nicht, eines Tages ans Licht!
Manches aber bleibt für immer verborgen.

Der Lauf der Menschheitsgeschichte aber zeigt ganz deutlich: dass sie, die Menschheit, wenig aus den Ereignissen und Geschehen der Vergangenheit, für die Zukunft, eine gesicherte Zukunft, gelernt hat.

Erkannt ja, aber zur Umsetzung fehlt den Sagen-Dürfenden anscheinend der Verstand. Verstand, der wird ihnen ja unterstellt und ist, **SO**llte, eigentlich die Voraussetzung dafür sein, dass man ihnen einen **SO**lchen verantwortungsvollen Posten zuge.., ja was denn: zu-gewiesen, zuge-schustert, zuge-schoben, zuge-traut hat oder ob er gar ehrlich erarbeitet wurde.

Und dann kommt diese, den Posten ehrlich erworbene Person in den Kreis, in dem andere Spielregeln dieser Menschheit gelten: die Gesetze von Armen und Reichen.

Dies arme Menschenkind will, seiner Erziehung und seiner Einstellung, ja seinem Glauben nach, etwas für eine „bessere" Welt tun, und wird und muss feststellen, dass all die guten Vorsätze scheitern, will es auf diesem Posten bleiben.

Die Erkenntnisse aus der Vergangenheit, die ja besagen; dass die Menschheit nur noch eine gesicherte Zukunft gehabt hätte, wenn sie den Gesetzen der Natur gefolgt und diese bei ihrem Handeln berücksichtigt hätte – bestätigen sich von Tag zu Tag mehr – leider immer mehr.

Es war schon immer **SO**: Das gab's **SO** schon immer. Wer kennt sie nicht, die vielen Ausreden und „frommen" Sprüche!

Haben Sie schon einmal erlebt, dass man nicht für alles eine Ausrede findet – Tatsachen in Unwahrheiten verdreht – wie Politiker und **SO**lche es vorbildlich können?!

Diese Welt lebt zunehmend von Lügnern und Betrügern – und die Staaten mischen hier vornan mit, – aber eigentlich dem Recht, der Wahrheit verpflichtet – stark mit.

Wer da sagt: Der Staat ist der größte Betrüger und Gesetzesbrecher, der sagt die Wahrheit!

Auch das fördert den Untergang, das Ende dieser Menschheit.
Eigentlich liegt alles, aber auch alles, was heute auf dieser Erde geschieht, in der Verantwortung der Regierungen, des staatlichen Rechtswesens.

Und wir leisten es uns, mit der Dummheit (fast) aller, und der Verantwortung – Immunität – frei gewählter Abgeordneter, die, „unseren Willen", geprägt von unserer Vernunft", doch nur umsetzen, uns regieren zu lassen!

Doch halt, ganz **SO** ist es nicht. Hier spielen alle vorausgegangenen Abläufe und Geschehen der Jahrhunderte, Jahrtausende der Menschheitsgeschichte mit.

Als einzig Wahres kommt hier in Betracht; dass man aus den Jahrtausenden der Menschheitsgeschichte nichts gelernt hat und die Tatsache, dass man nicht dazu lernen will, **SO**fern es um den Menschen selbst, um Gleichheit und Gerechtigkeit geht.

Was die Technik und die Technologien angeht, hat man, be**SO**nders in den letzten Jahrhunderten, dazugelernt, aber nur, um seinen eigenen Wohlstand zu mehren.

Sie glauben doch nicht im Ernst, dass es da von Hundert auch nur mehr als drei gibt, die dies aus Gründen der Menschlichkeit tun.
    Klar, früher wurde manches Mal nur **SO** zum Eigenbedarf, zur Verbesserung erfunden, erdacht.
    Und heute sitzen und setzt man Heerscharen daran, Neues, Geldbringendes zu bekommen.

Es wird nicht danach gefragt, ob es sinnvoll und gut für die Menschheit ist, nein, nur der Mammon steht im Vordergrund – für die Lebenden!

Der Mammon ist das: was bei der Regierung und den Abgeordneten, und alles was sich Politiker nennt, darin besteht, dass sie wieder gewählt werden. Aus nichts anderem.
    Ein ehrlicher, gläubiger Mensch könnte nie Politiker werden – und wenn doch, er hätte nicht mehr lange zu leben!

Das ist die Kunst, die sich Politik nennt. Das heißt; dem dummen Wähler Schlecht für Gut zu verkaufen.
    Oder *wenn Sie wollen: Zukunft für „frommen" Wunsch.*

Sie alle, die Politiker, können doch nicht abstreiten – auch wenn sie es tun – dass das meiste, was sie tun, mit Jahrzehnten Verspätung zum Gesetz wird.

Zu spät, um noch ausreichend früh genug zu sein, um Wirkung oder Gegenmaßnahmen entfalten zu können.

Auf die Idee, eine andere Regierungsform wählen zu müssen, sind schon einige gekommen. Doch jeder Versuch für einen Umbruch würde scheitern, am Geld, am Mammon und der Macht der Reichen.

SO – Wohlstand-für-alle-Partei

Wer kennt sie nicht, diese Partei, die jahrelang, aber immer seltener, diese Worte benutzt: „Wohlstand für alle".

Da dies noch nie und jetzt und in Zukunft ohnehin nicht mehr möglich ist, hört man diese Worte zunehmend seltener. Eine zunehmend größer werdende Menge der in der Bundesrepublik lebenden Menschen erkennt diese Lüge!

Was geblieben ist, ist die „Unwahrheit" vom „Firmenzeichen" „C".

Doch sehen wir genau hin, geben wir zu, man muss schon ein klein wenig ausgeprägtes Gespür für Gerechtigkeit und Zukunft haben, um auch an vielen anderen Stellen „Unwahrheiten" entdecken zu müssen!

Sieht man noch näher hin: Diese Partei ist der Vollstrecker der bisher gelebten Lebensphilosophie – OBEN – auch wenn diese für ein längeres Überleben der Menschen nicht brauchbar ist – und war!

Tatsache ist, wie schon immer, ob vor 50 Jahren oder heute, nach **SO**lchen, diesen Grundsätzen aber kann es für diese Menschheit keine Zukunft in der Zukunft geben.

Denn, es gibt nur ein Lebewesen auf der Erde, das als Mensch zu bezeichnen ist!?

Verfassungswidrig ist: Legt man alles, was sie tun und richten, nach den Worten der geschriebenen Artikel aus, **SO** manches, was sie auf den Wege bringen.

Doch man kann sich dessen sicher sein, nur Weniges davon wird von den obersten Rechtsorganen dieser Bundesrepublik beanstandet oder verworfen.

Auch „sie" unterliegen dieser Einstellung: dass die Menschheit aus verschiedenen Schichten besteht, bestehen muss: aus Arm, vielen Armen, und wenigen Reichen.

Und: nicht zu vergessen: Auch diese „Behörden" unterstehen voll der Verantwortung und dem Tun der Regierung!

Der **Artikel 3,** Abs. 1:
Alle Menschen sind vor dem Gesetz gleich
scheint in ihrem Vokabular und dem Schriftgut, das ihnen zur Verfügung steht, zu fehlen!
SO aber hat die Menschheit keine Chance, noch eine Weile auf diesem Globus leben zu dürfen.

Alles was getan werden müsste, müsste unter den Gesichtspunkten und Aspekten für eine mögliche – nach heutigen Erkenntnissen mögliche – Überlebensmöglichkeit ausgerichtet sein.

Und das ist es nicht!! – Das Gegenteil stimmt!
Zugegeben: Wer in dieser Partei oben ist oder durch diese Partei nach oben gekommen ist, hat für sein Leben ausge**SO**rgt. Die Möglichkeit eines Absturzes ist oben **SO** gut wie ausgeschlossen.

Oben schiebt und steckt man sich jeden Posten zu und scheut auch vor, na sagen wir besser, unredlichen Handlungen nicht zurück.
Warum auch?

Und oben, dazu zählen alle, die mehr als 60.000 € p. a, al**SO** im Jahr haben, auch wenn sie eine andere Partei wählen. Denn streng nach den Kriterien dieser Partei gehört diese Kategorie von Verdienern ganz alleine in ihre Partei.

Gerechtigkeit – **SO**llte eigentlich für eine Partei, die das „C" im Namen trägt, eine Selbstverständlichkeit sein. Doch was be**SO**nders unter deren Namen, deren Philosophie abläuft, ist lange schon abseits von jeder Vernunft und Verantwortung für den Anderen – *die Zukunft.*

Die Tatsache: Dass es noch nie **SO** viele Kriege wie z. Z. gegeben hat, bestätigt leider die andere Tatsache von Arm und Reich – von fehlender Gleichheit und Gerechtigkeit.

Diese Partei, **SO** scheint es – nicht nur – hat ihre Philosophie, stark anlehnend an eine gültige Religion aufgebaut! Von ihr hat sie den Stil und das Verhalten übernommen, das diese, für klarsehende Menschen, an den Tag legt.

Ein Verhalten, das weder früher noch heute etwas zum Leben und Überleben der Menschheit beiträgt!

Unsere Gesellschaft ist SO

Oder müsste es heißen: **SO** ist unsere Gesellschaft?!

Zunächst scheint dieser Dreher doch recht unverständlich. Wer sich aber die Mühe macht und diesen Dreher näher unter die Lupe nimmt, muss feststellen, dass an ihm einiges Wahres ist.

Unsere Gesellschaft ist **SO**, weil sie **SO** geworden ist durch die allgegenwärtige Ungerechtigkeit und Ungleichheit, die man von früher übernommen hat – und auch **SO** bleibt!

Heute, wo man fast alles sieht und weiß, was zum Leben notwendig ist und noch vieles mehr, sind die Ansprüche auch in den unteren Schichten des Volkes größer geworden – was selbstverständlich ist.

Jeder weiß um die Vorteile, die ein Leben in Überfluss hat, Medien, und was auch immer, machen es uns an allen „Ecken" und auch auf den „Schlachtfeldern" dessen, was wir Sport nennen, ständig vor, vor, wie leicht es doch ist, an Geld zu kommen, das andere wegwerfen – *zu viel haben.*

Über dieses Übel schweige man lieber, es wird, wie beim Glauben, der Religion, eine „heilige Kuh" sein, die hier angegriffen würde. – Al**SO SO**llen sie schweigen und zahlen, auch wenn ihnen auf der anderen Seite die Einsicht fehlt, dass ihr ureigenes Verhalten zu **SO**lchen Missständen beiträgt.

Alles was sie dann nicht mehr tun, wäre zum Erhalt, zur Besserung ihrer Lebensverhältnisse, mehr oder weniger notwendig – oder nicht?!

Diese „Kuh" ist geschlachtet. Wenden wir uns einer weiteren zu.

Es gab und gibt sie immer noch: die Arbeit, die man Freunden und SOlchen erbringt, damit sie aus dem „Loch", in dem sie leben und wohnen, herauskommen.

Selbstverständlich kostenlos, eventuell gegen Leistungen von Bewirtung oder Gegenleistung von Arbeit. Genau **SO** wie es früher, ganz früher war, man tauschte, was man hatte, gegen das, was man brauchte.

*Das war **SO**, auf unterer Ebene – gestern!*

Und oben?

Da waren es erst die Leibeigenen, die die Arbeiten für die Herren machten – die genau **SO** nackt wie sie geboren waren –, erbringen mussten.

SO ist eben Gleichheit und Gerechtigkeit auf dieser Erde – auch bei christlichen Menschen!

Später waren es Sklaven, die man sich kaufte, und die dann die Arbeiten leisten mussten, oft und meist bei und unter menschenunwürdigen Bedingungen.

Da erkläre doch mal einer die Begriffe „Leibeigene" und „Sklaven"!

SO etwas, diese Worte und gar Taten, dürfte es, hätte es unter christlicher, menschlicher „Verwaltung", gar nicht – nie – geben dürfen. Dass es aber **SO** war – und ist, liegt ganz einfach an der Tatsache, die dieses Buch anprangert – **SO**nst nichts!

Und heute?

Heute hat diese Klientel die Schwarzarbeit und Schwarzarbeiter „erfunden".

Erfunden? Nein, es war ja schon immer **SO**, man ließ außerhalb der Gesetze, weil man ja reich ist und sich reguläre Arbeiter wohl bezahlen kann, aber nicht will – es macht ja richtig Spaß, dem Staat und der Gesellschaft zu zeigen, dass man besser ist als die anderen, ihn auch noch beschei… kann, seine Arbeiten erledigen.

Wen wundert es da, wenn diese Methoden auf die unteren Schichten, die es ja nötig haben, abfärbten.

Sehen wir uns weiter um, nein, alles was nicht gesetzesmäßig ist, ist oben „erfunden" worden, denn unten wurde und wird man **SO**fort bestraft, wenn man Unredliches macht.

Ein Bespiel noch, dann **SO**ll es reichen.

Es findet eine Party, ein Fest statt, wo die „Eliten" und Oberen Zehntausend – vielleicht auch noch ein paar mehr – ge- oder eingeladen sind.

Was glauben Sie, was dabei an Kriminalität zusammen kommt.

Stimmt nicht, sagen Sie und protestieren!

Gut, fangen wir mal ganz unten, beim „menschlichen" und „christlichen" Verhalten auf dieser Feier an. – *SOll hier besser aufgehört werden?*

Sie haben recht, was und wie gehören diese beiden Eigenschaften auf eine **SO**lche Party? Dabei dachten wir, dass dieses zwei Eigenschaften sind, die immer und überall anzutreffen sind, weil sie menschenspezifisch sind – *sein SOllten.*

Über was wird geredet: über das Wetter –vielleicht?

Über Frauen – bestimmt; und es wird nicht nur über sie geredet, man nimmt auch **SO** manch eine, im wahrsten Sinne des Wortes, dabei auseinander!

Von Rotlichtmilieu und anderen „Spielereien" ganz zu schweigen.

Über Autos – bestimmt, denn das neue, das „ICH" mir kaufe, kostet schließlich **SO** und **SO** viel Zigtausende, vielleicht auch Hunderttausende mehr, als das von „dir", und schneller ist es auch, und die Umwelt belastet es auch noch mehr. *Warum auch nicht.*

Über Geschäfte – und da fängt die Sache an, erst richtig schmutzig zu werden.

Hier finden statt: Freundschaftsdienste, die ich dir und du mir erbracht hast; Provisionen, Luxusreisen von der Chemieseite und …, und vieles anderes. Seilschaften – *nanu, was ist denn das?!*

Zahlungen von Gefälligkeitsgeldern oder wie man auch sagt „Schmiergeld" und; und; und.

Und wenn denn doch alles schiefgeht und nichts mehr hilft: zunächst der Versuch der Bestechung – in irgendeiner Form.

Danach bleibt nur noch das Ausschalten des „Störfaktors" – gleich in welcher Form, Art und Weise.

Ist ja alles legal in den Kreisen da oben, und zum größten Teil von Gesetzen her gedeckt oder der Politik geschützt.

SO, ist eben eine Demokratie und ein Rechtsstaat aufgebaut*!*
Und nicht anders!
*Um nicht alle, die eine **SO**lche Party veranstalten, gleichzustellen, über ein und demselben Kamm zu scheren, sei erwähnt, dass es auch eine kleine Zahl derer gibt, bei denen die zuvor erwähnten Aussagen nicht alle oder gar nicht zutreffen.*

SO – ein Aufschwung

Auf Regen folgt **SO**nne, auf Weinen wird gelacht. Auf sieben fette Jahre folgen sieben magere Jahre. Nach Berg kommt Tal – und wie die „frommen" Sprüche alle heißen.

Nach dem wirtschaftlichen Tief kommt wieder ein Aufschwung.

Ein Aufschwung, der viele Gründe und viele Erfolge hat und, was die meisten übersehen wollen, viele, viele negative Veränderungen mit sich bringt.

Aufschwung, das heißt in einem Staat, dass die Wirtschaft brummt. Dass das Geld fließt – wohin auch immer – und es den Reichen besser geht und dass wieder einige Reiche dazu kommen.

Aufschwung heißt auch – wie man heute wieder sieht –, dass die Zahl der Arbeitslosen abnimmt, weil man auch für die mieseste Arbeit noch jemanden einstellt, und sei es dann, eine/n längst Arbeitsuntaugliche/n über 60 Jahren.

Das man hier beim Lohn für sie nicht spart und ihnen großzügige Ein-Euro-Jobs anbietet oder sie mit anderen menschenverachtenden Entlohnungen abspeist, halten be**SO**nders die Personen für gerecht, die einer dunklen Partei angehören! Ganz abgesehen von den meisten Arbeitgebern.

Klar, jeder Aufschwung bringt viel in Bewegung und wälzt viel Geld um.

Aber, die Richtung ist immer die gleiche.

Füllen sich die Kassen des Staates, der Krankenkassen und was da noch alles zu nennen wäre, **SO** füllen sich auch die Geldbeutel der Beamten – nicht aller, aber vor allem die der oberen Schichten.

Bewilligt und gönnt man den Arbeitern vielleicht großzügig eine Erhöhung von 1%, **SO** müssen es doch bei einem Chef, einem Vorsitzendem, doch mindestens eine, mit einer 1 vor einer zweistelligen Zahl, höheren Erhöhung sein.

Die Tatsache daraus, **SO** wie es uns alle bisher abgelaufenen Veränderungen dieser Art gezeigt haben: Das Leben verteuert sich für alle Schichten gleich. Doch:

Nach obenhin nimmt der Wohlstand unangemessen zu.

Und unten deckt er bestenfalls die steigenden Kosten.

Bei der größeren Zahl der Bevölkerung jedoch schrumpft das Einkommen von Jahr zu Jahr immer mehr – *beängstigend*!

Blickt ein in den Jahren des Zweiten Weltkriegs Geborener zurück, **SO** muss er feststellen: eine Kindheit verlebt, die entbehrungsreich und hart war.

Einen Beruf erlernt, der nicht das Zuckerschlecken war.

Und Jahre des Aufbaus mitgemacht, auf die er zwar stolz ist, aber die einen Teil seiner Lebenskraft verbrauchte. Das bis zum Ende seiner Lebensarbeit erzielte Einkommen stieg allerdings von Jahr zu Jahr an – und war fast ein gerechter Gewinn.

Doch in den letzten Jahren, jetzt als Rentner/in, schrumpfen die erarbeiteten Verdienste zusehend schneller – und die Frage ist mehr als nur berechtigt, wie lange reicht es noch, wie lange geht es noch ohne Revolten hier gut?

Der Irrglaube, den uns alle unsere Regierungen – dessen Vertreter – glauben machen wollen; die „Welt" würde unter der „Freien Marktwirtschaft", bei entsprechenden, von ihr gestellten Regeln, ewig

SO weitergehen wie bisher, ist eine der größten „Dummheiten", die man der arbeitenden Menschheit verkaufen will, und die meisten fallen darauf rein!

Das Wort „Sozial/e" fehlt ohnehin immer mehr darin!

Tatsache, unveränderbare Tatsache ist leider:

Die fortschreitende Technik, die Automatisierung der Arbeitswelt.

Zeigt sich doch schon jetzt ganz deutlich – zu deutlich –, dass auf diese Art Arbeitsplätze verloren gehen, für immer verloren gehen – *müssen!*

Und es zeigt eben**SO** deutlich, dass immer nur eine Seite dabei gewinnen kann und wird.

Wer aber immer zu dieser Seite zählt, sind einige, die zu den Reichen und Wohlhabenden dieser Menschheit gehören.

***SO** aber kann die Menschheit nicht mehr lange überleben!*

Dies alles sind Erfahrungen, die auf dem beruhen, was sich täglich in Zeitschriften und Medien verfolgen und ablesen lässt.

Es hat sich aus all den Ereignissen und Geschehen, die die Jahrtausende gebracht und gezeigt haben, bis heute nichts geändert und wird auch in Zukunft **SO** bleiben.

Dass dies zum vorzeitigen Aus – mit immer schlimmer werdenden Auswirkungen – auf die Menschheit – abläuft, ist ab**SO**lut kein Hirngespinst eines kranken Geistes!

Es gibt immer wieder genug Beweise, die belegen, wie und was unsere „Elite" aus Fehlern und … machen – sie verdrehen.

Das ist im „Rechtssystem" dieser „Demokratie" auch kein Wunder und wird, wie jetzt häufig belegt, auch von der „christlichen" Kanzlerin ausgeübt.

„C"hristlich aufgewachsen und in einer das "C" als Markenzeichen in sich tragenden Partei tätig. Da sollte doch eigentlich etwas Positives für die gesamten Menschen, die sie vertritt, bei herauskommen!

Wo ist da der Verstand, der Glaube, das „C", der sie wählenden Schicht?

Wo und wie hängen diese beiden „C" zusammen!?

Wer nüchtern und realistisch über das Leben denkt und dazu nicht zu den Wohlhabenden zählt, wird und muss zu dem Schluss kommen, dass diese Kanzlerin „mehr scheint, als sie ist und gibt" – wenn man näher hinsieht.

„SIE" vertritt einen Staat, ein System, das zurzeit – noch – auf der Sonnenseite des Lebens steht – *wenn auch gesetzestreu!*

Aber, hört man sich ihr „schlaues Gerede" genauer an, muss und wird man feststellen müssen, dass die von Ihr **SO** oft geforderte „Angleichung der Lebensverhältnisse auf der ganzen Erde" nicht einmal für ganz Europa zutreffen kann und wird.

Vom eigenen Land, ganz zu schweigen!

Es ist einfach nicht möglich, dass selbst der „wachsende" Bedarf der Weltbevölkerung leicht von der schrumpfenden arbeitenden Anzahl an Arbeitskräften erbracht werden kann – und diese Zahl schrumpft beängstigend schnell.

Da ist und wird – war – eine Umschichtung der erarbeiteten, erbrachten Leistungen (Geld) für ein einigermaßen funktionierendes Gemeinleben, längst überfällig.

Doch diese Partei, diese Frau, die sie vertritt, hat mit einem gerechteren, Zukunftsorientiertem-Regierungssystem, wenig im Sinn!

Ihr Sinn steht und ist: der Erhalt und das Mehren der Reichen und Wohlhabenden.

Der große Rest der Bevölkerung, die sie vertritt, ist ihr völlig gleich, unterliegt den Richtlinien ihrer Partei..

Da sind Rechte und Gesetze, wie es der Fall „Richter" belegt. Doch nur die Bestätigung für ihr Verhalten.

Und noch etwas fällt auf:

Aus der Aussage von ihr und einigen ihrer Parteigenossen „Alle **SO**llen daran beteilig sein", gemeint ist der Aufschwung. Nehmen wir dieses „Alle" einmal auseinander.

Was will oder sagen sie damit aus:

Meinen sie damit nur alle Reichen und Wohlhabenden und vielleicht noch die, die sie wählen **SO**llen?

Anders kann es nicht sein!

Denn, sehen wir weiter hin, das „Alle" steht schon irgendwo und hat auch hier nicht die Gültigkeit für Alle. Nämlich:

„Vor dem Gesetz sind Alle gleich".

Diese Unwahrheit, als Grundgesetz festgeschrieben, gilt lange nicht für Alle.

Und sieht man weiter hin, es wurde von ein und derselben Partei auf den Weg gebracht – verabschiedet.

Wer aus dieser Tatsache nicht die richtigen Schlüsse zieht, ist ein Tor oder naiv oder er weiß, dass man nur einmal lebt!

Massive Zweifel an der Demokratie

Jeder Zweite erwägt Wahlenthaltung

AP FRANKFURT/MAIN. Jeder dritte Bundesbürger glaubt einer Umfrage zufolge nicht mehr daran, dass Demokratie Probleme löst. Fast jeder Zweite kann sich vorstellen, bei der Bundestagswahl im kommenden Jahr nicht abzustimmen, wie der Bremer „Kurier am Sonntag" und der Berliner „Tagesspiegel am Sonntag" unter Berufung auf eine Studie im Auftrag der SPD-nahen Friedrich-Ebert-Stiftung (FES) berichteten.

Demnach sprachen sich rund 57 Prozent der Befragten für eine Reformpause oder eine Rücknahme der Veränderungen aus. Das Münchner Institut Polis/Si-

Schichten demokratiekritisch äußerten, sondern der Glaube an das politische System offenbar insgesamt dramatisch zurückgegangen ist. „Das deutet darauf hin, dass viele Menschen fürchten, demnächst abzurutschen, und sie machen das System dafür verantwortlich", erklärte Karl.

Der Umfrage zufolge fühlen sich nur 62 Prozent der Bürger gerecht behandelt, während jeder Vierte angab, ungerecht behandelt zu werden. Nur knapp jeder Dritte geht demnach optimistisch in die kommenden Jahre. Der große Rest befürchte Einschränkungen

Dieser gekürzte Artikel (GN), der auch in vielen anderen Zeitungen zu lesen war, spiegelt die traurige Wahrhei, unserer und aller Demokratien wieder.

Lange schon steht fest – und im „Totengräber der Demokratie … ," ausreichend beschrieben, dass auch dieses System am Menschen, an der Macht und am Geld scheitert.

Alleinige Schuld daran trägt die Ungleichheit und Ungerechtigkeit!

Es steht außer Zweifel: *Der Mensch, die Menschheit wird an ihren eigenen „Dummheiten" zugrunde gehen.*

Nicht das ständige Forschen und Entdecken neuer Techniken, Möglichkeiten, Wege = Lösungen usw. werden uns weiterbringen – zur Zukunft, zu EWIGEM LEBEN. Es sind die kleinen Dinge, die, wie man lange schon sieht, sehen kann, und in absehbarer Zeit das Aus für diese Spezies bringt.

Glaubt doch jeder Forscher, etwas Revolutionierendes entdeckt zu haben, das die Menschheit weiterbringt, drehen sich auf der anderen Seite viele Dinge ins Gegenteil. Und es gibt bisher und in Zukunft niemanden und keine Stelle, Institution, die dies koordiniert und gegen Missstände einschreitet – *wie auch!*

Sie alle wollen vergessen, dass die Uhr – auch der Erde – langsam aber sicher abläuft. Genau **SO** wie die des menschlichen Leben.

Sicher ist: Sie endet, doch keiner weiß wann. Aber jeder weiß, je älter „MAN" ist, um**SO** kürzer ist die verbleibende Zeit – bis zum Ende.

SO – wäre es richtiger

Alles menschliche Leben auf diesem Globus gehört ja wohl unzweifelhaft zu einer Gattung, einer Art, und sieht man genauer hin, gibt es in allen Rassen doch nur drei sich gravierend voneinander unterscheidende Gruppen, die aber, nach bisheriger Erfahrung und Lebensweise, alle einer Schicht untergeordnet sind.

Da ist als erste, oder wenn Sie wollen auch als letzte Gruppe die Schicht zu nennen, die sich **Elite** nennt.

Das ist die Schicht, die die unteren Schichten sich als Sklaven – nicht nur hält – **SO**ndern sie auch als diese **SO** betrachtet, ohne sie **SO** zu nennen.

Wie schon erwähnt: muss es aufgrund von Veranlagungen und genetischen Voraussetzungen Unterschiede bei jedem einzelnen

Menschen geben, die zu einer anderen Stellung in der Gesellschaft führen müssen.

Da dürfte die Herkunft eines jeden Menschen bei seinem Emporkommen in der Gesellschaft keine Rolle spielen.

Diese, nach heutigem Stand von Erkenntnissen und Gesetzen aber nur für sich zu nutzen, wie es die Oberschichten, die Eliten tun, ist mehr als nur verwerflich – von wenigen Ausnahmen abgesehen.

Wäre es nur verwerflich, wäre es ja – vielleicht – noch zu ertragen. Aber, diese Lebensweise zerstört unwiederbringlich jedes menschliche Leben.

Darum müsste alles auf dieser Erde nach der Natur und den Bedürfnissen aller Menschen ausgerichtet werden!

Es sei zum wiederholten Male gesagt: Die Eliten, Reichen und Wohlhabenden jeder Couleur vernichten durch ihren fraglichen Lebensstil den größten Teil der Ressourcen auf dieser Erde.

Daran, und nur daran wird dieser Menschheit ein vorzeitiges Aus beschieden sein!

Und SO hätte es ...

... gehen können und gehen müssen!

Ein Ausspruch, der zu vielem passt. Aber, bezogen auf dieses Buch, seine besondere Bedeutung bekommt.

Geht es hier um den Lauf der Menschheit über die Jahrtausende, die ewige Ausbeute durch Einzelne oder ganze Schichten, die beharrlich zunehmende Ungerechtigkeit in allen Bereichen der Menschlichkeit, **SO** steht dem gegenüber die eben**SO** ständig steigende und fortschreitende Technisierung zum „Wohle"? der Menschheit.

Der Menschheit? Jedes Einzelnen etwa?

Nein, es ist doch immer schon **SO** gewesen: Die Masse arbeitet für eine kleine Schicht da oben, ob sie will oder nicht.

Es war, es ist und es bleibt SO. Basta!

Auch wenn es den Anschein hat, dass diese „reichen" Schichten zunehmen. Aber es sei nicht zu vergessen, dass durch die zunehmende Bevölkerung auf der Erde diese Anzahl im Verhältnis eher abnimmt.

Das, was es hier zu verteilen gibt, wird ja nicht mehr, es hat zwar den *Anschein, dass es SO ist,* aber der Gewinn durch Technik und Dienstleistung geht nicht an die, die ihn erarbeiten, SOndern beschränkt sich rein auf's Kapital – *den Wohlhabenden!*

Doch was abSOlut fehlt, ist die Verantwortung für das Lebewesen Mensch, für jeden Einzelnen – ob arm oder reich.

SO wie dieses fehlt, SO fehlt auch das Bewusstsein für Gerechtigkeit und Gleichheit, und es fehlt die Erkenntnis, dass die Erde den Menschen – auf Dauer nur ertragen wird, wenn „er" sich den Bedingungen, die sie stellt, unterwirft – *was nie geschieht.*

Nur unterwerfen wird „er" sich nie, da meint der eine, schlauer und besser zu sein als der andere, und keiner von ihnen sieht ein,
        dass nur eine gemeinsame Menschheit eine Zukunft hätte.

Aber: Wer kennt ihn nicht diesen Ausspruch:
    „Der Mensch hat bisher alles gelöst (geschafft), und er schafft es auch weiterhin."
        Ob er da nicht iiirrrrt?!

Es kommt nur darauf an, wie und aus welcher Sicht man die Lösung sehen will.
    Das Ausbeuten, ob Erde, Natur oder Mensch, nimmt weiter zu, und dann???
    Die Lösung ist äußerst einfach; sind das etwa schon Vorboten, die sich da zeigen?
    Die Naturgewalten wie Wasser, Wind und Sonne – die Erde selbst mit ihren Überraschungen?
    Die ausgehenden Bodenschätze?

Glaubt da etwa einer der hohen Herren – und Damen – er könnte diese lebenswichtigen Güter jemals ersetzen – oder gar auf einem anderen Planeten Lebensraum für die Menschheit erschließen?

SO naiv wird doch wohl keiner sein.

Denken wir nur an „Atom"!

Phantasie genug dazu hätten schon viele – aber die Realität sagt etwas anderes!

Die Zeit, die die Menschheit auf diesem Globus verbringen durfte, geht mit ihrem Dazutun schneller, als es viele wahrhaben wollen, zu Ende!

Und zu dem Ende und der Naivität sei anzumerken: Jeder weiß, dass auch er nur sehr, sehr begrenzte Zeit hier auf dem Globus verbringen darf – zumindest im Unterbewusstsein.

Verhalten Menschen sich deshalb SO egoistisch, selbstsüchtig und verfressen?!

Hat doch bis heute keiner sich die Mühe gemacht und nachgerechnet, erforscht, wie das Verhältnis, die Überlebenschance wäre: SO wie die Menschheit heute lebt mit Armen und Reichen, und wie lange sie leben würde, würden alle Menschen in einem Verhältnis leben, bei dem die in diesem Buch häufig angesprochenen Werte berücksichtigt und eingehalten würden.

Sicher scheut man davor!

***

Wir schreiben das fünfzehnte/sechzehnte Jahrhundert und erste, weitsichtige Personen erkennen, dass die Erde eine Kugel ist.

Und mit dem kommt die Erkenntnis, dass, wenn dem SO ist, dass alles, was auf ihr kreucht und fleucht, irgendwie zusammengehört!

Mangelnde Kenntnisse zu und über die Dinge des täglichen Lebens, zur Menschheit und den Naturabläufen fehlen aber noch und werden mühsam in den folgenden Jahrhunderten erforscht – *wenn?!*

Anfang des zwanzigsten Jahrhunderts ist es dann SO weit, dass weitsichtige Personen aus Grundlagen und Erkenntnissen das Wissen heraus haben, was geschehen muss, um nicht in den Strudel zu gelangen, in dem die Menschheit sich befindet!

Die Erkenntnis, dass die Menschheit am meisten unter der Ungerechtigkeit und Ungleichheit leidet, führt zur Um- und Abstellung dieser Übel – leider nicht.

Würde man diese ändern:

Die Erlasse und Gesetzesänderungen aber haben und führen zu Beginn zu landesweiten Protesten und Aufständen.

Doch es nutzt nichts, schon die ersten Jahre bringen den Beweis der Richtigkeit!

Es gibt einige Ämter und Verbände, die nicht mehr benötigt werden, nicht mehr.

SO geht die Kriminalität auf allen Ebenen zurück.

Fehlender Neid durch fehlendes Gut und Habe verschwinden fast ganz.

Die frei werden Stellen, deren Angestellte und „Chefs", bringt man in zukunftsweisenden Beschäftigungen unter.

Rechtsanwälte, Staatsanwälte und Richter jeder Couleur müssen umdenken und mit ihnen auch alle Justizangestellten **SO**wie anhängende Berufe.

Der Kampf dieser Gruppen ist gewaltig, doch am Ende siegt die Einsicht, und, wo diese nicht siegt, hilft Härte nach, da es nur **SO** eine bessere Zukunft geben kann, könnte!

Keine Zweifel bestehen daran: Wer **SO**lches versuchte einzuführen – könnte die Tage, die er noch leben darf, an einer Hand zählen!

Statt in den Ersten Weltkrieg zu ziehen, wird (hätte) mit dem Abbau und … der Vernichtungswaffen begonnen werden können.

Was liegt da nahe: Die Waffen werden eingeschmolzen und das Grundmaterial wieder verwendet. Eingeschmolzen für Dinge, die eine friedliche Welt benötigt.

SO wird wertvolles Gut, dem Kreislauf wieder zugeführt!

Nicht vermeiden dagegen kann man, dass hierfür Energie verbraucht wird und verloren geht – für immer. Aber der Verbrauch der Ressource Gas und Öl und natürlich Kohle und Holz und weitere andere wird *enorm reduziert. Die bei der Vernichtung des Sprengstoffs freigesetzte Wärme (Energie) führt man eben**SO** dem Kreislauf „friedliche Energienutzung" zu ...*

Da sind wir mal wieder bei der Energie: Sie belastet die Umwelt mit ... und verbraucht Ressourcen. Aus diesem Grund spricht alle Welt?! von CO_2-armer Energieversorgung, dem Strom.

Doch was man dazu mal wieder vergessen will, das Sprichwort: Bei uns kommt der Strom aus der Steckdose".

Völlig gleich wie auch immer man diesen Strom gewinnt, man braucht Maschinen, Geräte oder was auch immer, dazu – und dazu werden immer Ressourcen, irgendeiner Art benötigt!

***

Dies sind nur einige Beispiele, wie die Menschheit, wenn sie von Menschen, der die Erde und das, was auf ihr lebt, nicht gleichgültig ist, regiert würde!

Das beste Beispiel dafür, dass es **SO** nicht ist, ist doch das Auto, der PKW oder das was dazu zählt.

Keiner braucht **SO**lche Autos, wie sie heute zum Statussymbol gehören.

All diesen Besitzern muss man sagen, dass jeder von ihnen sich aktiv an der Zerstörung des Lebensraum der Menschheit beteiligt!

Da zeigt sich doch klar und deutlich, dass wir, die Menschheit, von Personen regiert werden, denen die Gesamtheit der Menschen, die sie regieren und für die sie neue Gesetze „machen" **SO**llen, vollkommen gleichgültig sind.

Ihre Tätigkeit beschränkt sich und befasst sich mit dem, dass Reiche reicher werden und die Schichten darunter es nicht merken, dass man sie schlicht weg auf den Arm nimmt. Anders gesagt: man sie für dumm verkauft, oder noch krasser gesagt; sie einfach nur verars....

Auch ein Beweis dafür: Dass keiner an ein Ewiges Leben oder ein Leben nach dem Tode glaubt!

Warum man sich hier nicht wehrt, liegt eindeutig am nicht vorhandenen Geld und der damit verbundenen Macht. Wobei es völlig gleich ist, welcher Personenkreis wofür verantwortlich zeichnet.

Wer von diesen Personen, von Menschen spricht, weiß oder will nicht wissen, welche Werte Menschen haben oder vertreten – SOllten.

Es oder „das ist doch menschlich" sind Worte, um etwas zu beschönigen, zu verschleiern. SO aber ist inzwischen ein großer Teil der Menschheit, weil sie ohne diese UNMENSCHLICHKEIT glaubt, nicht weiter, höher nach oben zu kommen.

Die Gier und immer wieder die Gier ist es, die dabei die blühendsten Ergebnisse, die man sich vorstellen kann, hervorbringt. Statt durch den Staat und seine Organe gebremst zu werden, legt man in Deutschland und …, noch eines drauf und verherrlicht SOlches.

Da gibt es inzwischen aber Länder, dort scheint es nicht mehr gleich zu sein, was wer wie macht.

Das Beispiel der SLOVAKEI ist da ein gutes Beispiel.

Bäume, die in den Himmel wachsen, gibt es ja nicht – auch wenn einige meinen, sie seien größer als der „liebe G…t".

Und man glaubt es nicht, der französische Staatchef Sarkozy meint:
Anleger SOllen für Mindestlöhne zahlen.
Womit er das eigene Lager überraschte – aber ohne weitere Aktionen.

Inhalts-Auszug aus diesem Zeitungsartikel: Er will Anlegern Erträge aus Lebensversicherungen, Aktien, Mieten usw. mit zusätzlicher Steuer belegen. *Um, wie geschrieben steht, „Es sei normal",* dass jeder dazu beitrüge, den rund drei Millionen Franzosen zu helfen, die in Armut leben". (Bericht in der GN)

Zeigt dies doch ganz deutlich, wie es eigentlich gehen müsste: Zuerst bräuchten „wir" eine Regierung, die Verantwortung trägt für alle Menschen, die ihr unterstehen.

Wir meinen nicht eine SOlche, wie wir haben, wo jeder meint, er sei WER – trägt aber keine Verantwortung für das, was er da tut.

Warum das SO ist, liegt doch wohl daran, dass dort PerSOnen sind, die vom eigentlichen Geschehen SO gut wie keine Ahnung haben, SOndern nur einen Namen und den Willen nach Geld und Macht.

Dann müssten alle wichtigen Güter und Funktionsstellen, die unter ihrer Verantwortung stehen, zukunft**SO**rientiert – verwaltet werden.

Nehmen wir die Post; wie sie mal war, war sie gut und richtig.

Alles wurde überall zugestellt und man konnte an sehr vielen Stellen seine Post-Geschäfte erledigen.

Und heute?

Jedes Unternehmen sucht sich das Beste aus dem großen Kuchen, der sich Post nennt, heraus – dabei geht der Rest, der wenig oder keinen Profit abwirft, unter.

Anzeigen/Leserbriefe an die GN, die daraufhin weisen, welches Fehlverhalten, ja welche Auswirkungen diese Art von Unternehmen (nicht alle) haben und bewirken, werden von ihr weder beantwortet noch veröffentlicht!

Unterliegen der GN-Zensur!

Oder der Energiesektor: Die, die heute irgendwelche produzieren oder verkaufen, können doch fast zu jedem Preis verkaufen, den sie wollen und Einkommen beziehen und schaufeln, wie sie wollen – und der Kleine, der Bezieher, ist der Dumme.

Diese Erscheinung oder Tatsache aber ist regierungsgewollt – nur nicht der Meinung und dem Wunsch oder Willen der Bevölkerung entsprechend!

Oder, nehmen wir das nur noch wenig vorhandene „Tafelsilber", das wir haben.

Nicht nur manch einer dieser Damen und Herren da oben glaubt, es gehöre ihm alleine, und er könne damit machen, was er wolle, es verscherbeln.

Das aber geht nur ein einziges Mal, dann ist es für alle Zeit verloren.

Verloren oder nicht mehr da, ist auch das Parlament das dieses beschließt.

Nur leider müssen wir diesen Personen bis an ihr Lebensende eine äußerst gute Pension bezahlen – *die kaum einer von ihnen verdient.*

Da stelle man sich mal den Wahnsinn vor, der mit dem ständigen Wechsel von neuen Regierungen stattfindet: Zum einen muss sich jeder von ihnen erst einmal in seine neue Tätigkeit einarbeiten – von der die meisten keine Ahnung haben. Was aber viel schlimmer ist, auf die

Dauer, wird für diese Person, im Gegensatz zu einer normalen Person, Pension, die man erhält, wenn man ein gewisses Alter erreicht hat, für wenig, sehr wenig an erbrachter Arbeitszeit, ein Leben lang gezahlt.

Geht man im Normalfall von 40 Arbeitsjahren aus und zahlt ein, erhält dann eine Pension, Rente, SO sind dies oder ist dies bei diesem PerSOnenkreis, locker das 10- bis 15-fache eines normal Bürgers!
AlSO: Würde man in der Zeit X (40 J.) eines normal Beschäftigten auch nur einen dieser Kurzzeittätigen, pensionsmäßig, volljährig beschäftigen, müsste man für ihn auch nur einmal Pension bezahlen!
Dass das aber bei einer Pensionssumme, die bei dem 4 – 10-fachen dieses Normal-Beziehers liegt!

Rechnet man weiter, kommt man „bestenfalls" auf das 40-fache und schlechtestenfalls auf ein Ergebnis von 1:**50**.
Klar gesagt:
*Ein Staat, der ein **SO**lches Regierungssystem hat, zahlt sich eines Tages selbst daran zugrunde!*

SO aber ist diese Schicht, die da glaubt, sie sei etwas Besseres, nur weil sie mehr Geld oder Vermögen hat.
Reicher sind, weil da Regierungen sind, die weder von Menschlichkeit, Christlichkeit und Demokratie eine Ahnung haben – wollen – *vielleicht aber auch zu viel oder sie gar nicht wollen!*
Reden, ja reden von Demokratie tun sie alle, missbrauchen dieses Wort ebenSO wie Menschlich- und Christlich-, Einigkeit, Gerechtigkeit und Gleichheit, und das Wort Frieden findet man auch überall.
Doch dazu lesen Sie, das bereits erwähnte Buch!

Sieht man sich einmal eine Demokratie, mit dem Vergleich einer Monarchie in Bezug auf Kosten an, kann man und muss man sich, gerade HEUTE, einmal fragen, wie diese Verhältnisse zurzeit aussehen.
Man weiß ja, dass Monarchien große Summen verschlingen, kosten, den Staatshaushalt belasten.
In Deutschland leben und haben wir, ja leisten uns derzeit ein Heer von Bundespräsidenten und anderen hochbezahlten „Volksvertretern", die und deren Bezüge den Haushalt nicht minder belasten.

Fest steht: Ein/e Monarch/IN wird auf Lebenszeit gewählt.

Ein Bundespräsident und … steht und fällt meist mit der Partei, die Ihn gewählt hat.

Da will und wird man „Unregelmäßigkeiten" in seinem Amt oder **SO** nicht wahrhaben, zahlt ihm seinen „Lohn" auch dann noch!

Sie sehen – mal wieder – man tut alles dafür, um auch „Ausfälle", im Staatsinteresse zu regeln. Schließlich zahlt ja der Steuerzahler jeden Mist, den sie beschließen

Slowakei droht E.ON mit Enteignung

Reuters **BRATISLAVA.** Die Slowakei droht E.ON und anderen ausländischen Stromkonzernen mit Enteignung, falls sie die Preise zu drastisch erhöhen. Ministerpräsident Robert Fico warnte die im Land tätigen westeuropäischen Energiefirmen vor der Fortsetzung einer Geschäftspolitik, „die gegen die Interessen dieses Staates und seiner Bewohner" verstoße.

Laut Verfassung könne eine Verletzung des öffentlichen Interesses mit Enteignung geahndet werden, erinnerte Fico in einem Interview mit der lokalen Nachrichtenagentur SITA, das gestern in der Zeitung „Hospodarske Noviny" erschien. „Wir werden nicht davor zurückschrecken, in Zukunft auch solche drastischen Schritte zu ergreifen."

Der Sozialdemokrat Fico ist seit längerem mit den Stromversorgern im Clinch. Das Versprechen, die Bürger vor zu starken Preiserhöhungen zu schützen, war 2006 ein Grund für Ficos Wahlsieg. Die wichtigsten Energiekonzerne der Slowakei werden von ausländischen Konzernen betrieben.

Verloren geht – für immer aber –durch den übertriebenen Verbrauch, der Ressource Gas und Oel und natürlich Kohle und Holz und weitere andere.

SO – ein Zwischenfall !?

Zwischenfall. Was ist denn das?
Schließlich ist doch für alles irgendwie doch vorgesorgt.

Hat man zu den Artikeln des Grundgesetzes neue §§ erdacht, die auch gegen Unvorhergesehenes eingreifen können – diese Ereignisse im Interesse von Sagern regulieren – auch wenn sie verfassungswidrig sind.
*Und man ist stolz darauf, **SO** etwas dem dummen Volk verkauft zu haben.*

Doch fragt sich manch einer, ob die im Jahr 2015 sich ereignete Wanderung von Flüchtlingen, auch nur ein **SO**lcher Zwischenfall ist.

Ganz abgesehen von der Tatsache, dass ein großer Teil dieser Flüchtlinge reine Wirtschaftsflüchtlinge sind und eigentlich mit Kriegsflüchtlingen wenig zu tun haben, denen Hilfe und Bleibe uneingeschränkt gewährt werden muss, sind Wirtschaftsflüchtlinge wie jetzt
seit Jahrzehnten voraussehbar gewesen!

Die absolut falsche Politik, die, wie zuvor, ausreichend beschrieben steht, durch die angeprangerte Partei herausgefordert wurde,
*dafür gibt und hat man keine abwehrenden Gesetze geschaffen – war einfach, wie in anderen Dingen auch – nicht fähig genug, für **SO**lche Zwischenfälle vorzusorgen.*
Zwischenfälle? Nein, ein seit Jahren, Jahrzehnten zu erwartender Strom von nicht überlebensfähigen Völkern, der zu erwarten war!

Man wähnte sich, wie bisher auch, im Glauben, dass es **SO** etwas nicht geben darf – nicht unter einer „schwarzen" Regierung!

Wovon auszugehen ist: Das dicke Ende in und zu diesen „Zwischenfall" kommt aber erst noch.

Wären nicht die vielen freiwilligen Helfer in dieser Angelegenheit, wäre die Regierung alleine längst zusammen gebrochen.

Das liegt alleine daran, dass man nur für eine Sorte von „Menschen" tätig ist!

Ein Zwischenfall *von vielen, die noch kommen werden – müssen!*

SO – zwei Arten ...

Zwei Arten? Meint hier einer Arm und Reich?

Nein, arm, die Armen fallen hierbei heraus, sie sind nicht die, die man grob in zwei verschiedene Arten aufteilen kann, das bedarf schon einiger mehr!

Zwei **SO**rten von Reichen – ja!?

Es ist äußerst einfach, dies zu erklären: Auch wenn es simpel und primitiv klingt, grob gesehen gibt es zwei sich gravierend unterscheidende Arten von Reichen und Wohlhabenden.

Die eine und erste Art ist die; die unter dem Deckmantel dieser **SO**genannten „Demokratie" und des „Rechtsstaates" – mit ihren „Gesetzen" – als legal eingestuft ist.

Auch wenn sie mit und nach allen „eigentlichen" gesetzeswidrigen Regeln und Verstößen lebt und handelt! *Sich bereichert!*

Die zweite **SO**rte ist die; die auf der anderen Seite der Gesellschaft lebt und da ihren Wohlstand und Reichtum mehrt.

Dabei ist es mehr als fraglich; wer von dieser **SO**rte ist „ehrlicher" und für diese Gesellschaft besser?!

Richtig: *Sie werden sagen, keine.*

Die erste Art versteckt ihre Brutalität und Raffsucht **SO** weit, dass man sie nur sieht, wenn man es sehen will oder SIE es übertreibt – die Justiz hat dabei meist ein Auge, auf dem sie blind ist – sein will, oder muss es – der Politik wegen.

Die zweite **SO**rte aber ist die noch unerträglichere, auch wenn sie aufgrund der offiziell Herrschenden, dazu gezwungen wird.

Doch sei hier festgehalten: Es gibt in beiden Arten einige wenige, die eigentlich aus ihrer Art schlagen – sich fair verhalten und geben!

Gemeint sind in der ersten Art die, die ihren Reichtum mit anderen teilen oder davon etwas abgeben, weil ihnen klar ist, woher ihr Reichtum kommt und sie meint, „Nur wer hat, kann und **SO**llte etwas den anderen zurückgeben"!

SO wie es in **Artikel 14 Abs. 2** unserer Verfassung steht!

Bei der zweiten Art, den Kriminellen, verhält es sich etwas anders: Hier sind die meisten Kriminellen organisiert und handeln auch nur fürs Geld.

Die hier Wohlgesonnenen werden nur kriminell, weil sie mit und durch ihr kriminelles Handeln den Armen zu etwas mehr „Wohlstand" verhelfen wollen!

Bekannte Beispiele, vor allem aus dem Mittelalter, gibt es dazu einige, doch heute, wo die Gesellschaft offener (?) und durchsichtiger wird, stirbt dies Art „Kriminelle" langsam aus – *leider!*

Heute, ja **SO**gar heute, wagen es einige der Reichen, es zuzugeben und anzubieten, etwas von ihrem Reichtum freiwillig abzugeben – mit den Armen zu teilen.

Manch einer tut es mit Förderung eines „Vereins" und der andere durch Einrichtung einer Stiftung oder dgl.

Doch unsere Regierungen lehnen es ab, die Reichen, ihre eigentlichen Wähler, an der Finanzierung des Staates, den Erfordernissen entsprechend gerecht, zu beteiligen!

Haben sie etwa Angst, sie müssten von ihrem Reichtum auch etwas abgeben?!

Keiner will, auch nicht mal heute, die Gefahren sehen, die auf die gesamte Menschheit zukommt – *kommen muss!*

Die Zeit der relativen „Ruhe" ist vorbei oder zu Ende: Die Arbeit, von der die meisten Menschen leben, lebten, wird immer weniger.

Maschinen und die Technisierung sorgen dafür, die Computertechnik macht viele arbeitslos – man braucht sie nicht mehr – die Menschen.

Aber obwohl man weiß, dass nur eine gerechtere Verteilung, der gesamten Menschheit eine längere Zukunft brächte, unterlässt man jegliches Bestreben danach.

Schafft diese neue IT-Technik zunächst viele neue Arbeitsplätze (z. T. Spielzeug) und **SO,** mit Käufer gleich Umsatz, Einnahmen für die Reichen, **SO** wird auch dies auf die Dauer zu Ende gehen.

Die Länder wie China, Indien und … nehmen uns die Arbeit weg.

Doch sie haben das Recht – genau wie wir – sich am Kuchen Geld zu beteiligen und zu verdienen.

Ein oder richtiger der Faktor, der dafür mit**SO**rgt; dass sich was verändern muss und wird auf dieser Erde.

Das Ergebnis dieser Veränderungen kann man, wenn man will, sich leicht selbst ausmalen!!

Doch das dürfen die Reichen und Wohlhabenden, die „Eliten" nicht!

SO – eine Wirtschaft!

SO eine Wirtschaft? Welche?

Eine **SO**lche, wo man seinen Durst, seinen Hunger stillen oder sich gar vergnügen kann?

Auch das muss sein, denn von Arbeit allein kann kaum einer leben.

Wem das Geld für In-die-Wirtschaft-Geh'n nicht reicht, der ver**SO**rgt sich mit Flüssigem und trinkt es eben woanders aus –

hat vielleicht auch dort seinen Spaß, seine Befriedigung.

Dann gibt es noch andere Wirtschaften – zumindest nennt man es **SO.** Beschränken wir uns hier nur auf diese Arten:

Die Markt-Wirtschaft. Die freie-Marktwirtschaft –

(und)

Die freie-**SO**ziale- Marktwirtschaft!

*Ginge es nach diesem Buch, dürfte und gäbe es nur ein einziges System und das hieße „freie- **SO**ziale-Marktwirtschaft".*

Im Stillen, wenn man **SO** will, würden alle Politiker und „Eliten" diesem zustimmen. Doch das geht heute nicht mehr einfach **SO.**

In der Phase der Computertechnik, der schnellen Verbreitung von Informationen, kommt die Wahrheit über den wirklichen Zustand dieser „freien-soziale-Markwirtschaft" ans Tageslicht.

Von **SO**zial kann hier im wahrsten Sinne des Wortes keine Rede mehr sein.
> *Es wird ausgebeutet, wo immer es nur geht! – und es geht leider viel, viel zu oft.*

Auch wird es eines Tages zu Ereignissen kommen – müssen –, die bisher keiner da oben sehen will ,sich durch die IT-Technik aber wie ein Lauffeuer verbreitet – verbreitet, wo oder wie und was…

In allen Bereichen, auf allen Ebenen in diesen Gesellschaften ist das Korrupt-Sein, Seilschaften und was es da alles an kriminellen Handlungen gibt, heute fast eine Selbstverständlichkeit, ein Zwang.

Wen schon wundert es, wenn selbst ganz oben sich kaum einer an die Gesetze, an Menschlichkeit und andere Tugenden hält?!

Sehen wir hier mal den momentanen Zustand der EU an.

Deutschland – was viele Dinge betrifft, vorne an.

Das ist zunächst gut **SO**.

Doch die Forderung von führenden Politikern und manchen „Eliten" hier, nach Angleichung aller EU-Länder an den deutschen Standard, sind einfach nur Unwahrheiten – oder Kopflosigkeit, denn teilen wir den Wohlstand der Reichen hier mit der Bevölkerung in den anderen EU-Ländern – was bliebe dann hier.
> *Wo man nicht einmal bereit ist, den Bedürftigen im eigenen Land etwas von seinem Reichtum anzugeben!*

Und der durch das arbeitende Volk, den Kleinverdiener geschaffene Wohlstand an Besitz ginge verloren, würde man das Arbeitsvolumen der Deutschen auf ganz Europa verteilen.

Die Rechnung ist äußerst einfach:

Ein Deutscher leistet, im Vergleich gesehen, 150%
Ein aus dem Land E Kommender 100%
Ein aus dem Land O Kommender   87%
Ein aus dem Land X Kommender   62%
Ein aus dem Land Z Kommender   51%

macht ----

$$450 : 5 = 90\%.$$

Dabei ist die Anzahl der Bevölkerung nicht berücksichtigt!
Ein Rückgang in Alemania um 60%! Auf unter 100%

Es dürfte für jeden, der des Rechnens fähig ist, kein Problem sein, sich auszurechnen, wann und wie die zu erledigende Arbeit – Leistung, aufgeteilt durch die neue Anzahl von Arbeitsleistenden in Europa erbracht wird – und, wo dann der deutsche-Wohlstand bleibt.
   Nimmt man dieses Beispiel und legt es auf die Dritte Welt oder gar China (?) oder Indien um, sehen wir mehr als schlecht aus –
   und das wird kommen – müssen.

SO wie dieses Beispiel würden viele Vergleiche aussehen!
   Und die Umwelt – die Veränderungen, die hier kommen werden, müssen?!

SO – „Die Märkte der Zukunft"

Das Wissen über die Welt von morgen ist bares Geld wert. Geld!
   Um langfristig planen zu können, lassen Unternehmen die Zukunft analysieren.
                    (Aus „Karriere Welt" vom 21.03.09 v. Henning Zander)

Ein in die Irre führender erster Leitartikel-Satz, ein verlogener. Denn keiner von ihnen will dies wirklich.

Da sagt der zweite Satz schon eher die Wahrheit, gefragt ist nur die Entwicklung der Marktwirtschaft, des Geldes und der Macht wegen.
Nicht zu verwechseln mit der
SOzialen Marktwirtschaft, die es nie geben wird – kann es nicht geben – nicht bei diesem System!

Keine Frage, der Artikel beschreibt exakt, umschreibt den Lauf der Menschheit, wie er von den Reichen, *die wissen, dass auch ihr Leben hier auf diesem Globus sehr begrenzt ist,* gesehen wird, werden muss!? – wenn nur die Marktwirtschaft den Weg der Menschheit bestimmt.
Doch tut er das? Nein, mit Sicherheit nein.

Sie alle da oben haben den Blick für die Zukunft verloren, müssen ihn beiseiteschieben, wollten sie eine ehrliche, möglichst SOgar etwas gerechtere Person sein. Doch dann können sie in diesem System nicht einer der Großen und schon gar nicht der Größte werden oder sein.
Wer bisher nicht verstanden oder begriffen hat, haben will, dass Reich und Groß nicht unbedingt in dieser Klasse ganz oben angesiedelt sein muss, dem sei nochmals gesagt: dass ein Einkommen nach heutiger Sicht und Stand, das bei 60... bis 80.000 Euro p.a. liegt, für die meisten ja wohl auch mehr als ausreichend, und zur Oberschicht gehörend angesehen wird. Da braucht keine/r Ackerfrau, Essermann oder wie sie alle heißen, zu sein.
Doch zurück zum Artikel:

Natürlich müssen Analysen und Prognosen für die Zukunft gestellt werden.
Denn nur SO in den Tag hinein leben, das geht bei keinem System, würde auch in einem System, das für die ganze Menschheit da ist und der gesamten Menschheit dient, nicht funktionieren und zum Scheitern verdammt sein.
Dass das System, in dem die Menschheit lebt, auch auf Zukunft bis zu ihrem Ende aufrechterhalten bleibt, dafür SOrgt die Klasse, die das Sagen hat, mit allen Mitteln, bis hin zum Tod – nicht!".
Wie wir sehen, spielt Geld dabei keine Rolle, und eine Verantwortung haben sie ja nicht. Haben sie sich selbst per Gesetz genommen oder auf andere Weise – früher oder heute – großzügig eingeräumt.

Bleiben die Fragen:

In was für einer Welt lebt das Wesen, das sich Mensch nennt? Und was für ein Lebewesen ist der Mensch?

Oder was an dem Mensch ist menschlich, christlich? *Denn angeblich SOll es nur eine SOrte Mensch von Geburt aus geben!*

Was der Artikel deutlich, zu deutlich zeigt, ist die Vergötterung der Götzen.

Ist, nein SOll, das bestehende System als einzig richtiges darstellen. Zeigt auch, dass einmal als „Leitesel" angesehene Personen für immer als „Leitesel" anerkannt bleiben – auch wenn man sie einmal als Straftäter bezeichnen durfte.

Querdenker lässt man erst gar nicht nach oben kommen – zu Wort! Denn dann würden sicher einige in ihrer Denkweise wachgerüttelt und das könnte eine Welle auslösen.

Und **SO** muss man, leider, ganz einfach, erkennen: *An diesem Dilemma sind auch alle Medien anteilig mitverantwortlich.*

SO – eine Rettung

Was alle Forscher und Wissenschaftler nicht aussprechen und doch bei wohl allen, die in dieser Gesellschaft etwas zu sagen haben, an Erkenntnissen vorliegt, ist die Tatsache: dass die Menschheit nur echte, längere Überlebenschancen hätte, wenn sie global regiert würde – von Profis.

Eine Profi-Regierung hätte und bräuchte keine Kandidaten, die ständig dem eigenen Wohl zuerst dienen, dann ihrer eigenen Partei, und dem steht noch vornan, dass das altbekannte System der Mehrklassigkeit aufrechterhalten werden muss.

Ein wirkliches Regieren für das gesamte Volk, das eine Gesinnungsgemeinschaft sein SOll, das sie vertreten SOll, ist reine Illusion – wird es nie geben - kann es nicht geben (?!) Jede Partei versucht ihre ureigenen Interessen vorne anzustellen, und die sind geprägt von Macht und Geld – und bei einigen ist dieser Wunsch und

Wille zu deutlich zu sehen – da kann man für die Allgemeinheit nur „schwarzsehen".

Bleibt nur und noch die Erkenntnis: „Nichts wird unternommen, um der Menschheit eine wirkliche Zukunft zu geben".

Da muss das Prinzip von Kaiser, König, Edelmann und Bettelmann, das man vor Jahrtausenden, sehr früh als ideale Lösung herausgefunden hat, doch strikt beibehalten werden.

Wer da glaubt, immer neue wissenschaftliche Forschungsergebnisse und Erkenntnisse **SO**wie Techniken führten zu immer längerem Leben, der macht die Rechnung ohne den „Wirt", und der Wirt ist in dieser Beziehung der Globus Erde, der, hat der Mensch IHN von seinen Gütern befreit, ihn spätestens dann rücksichtslos von sich abschüttelt.

Was immer unsere Spezies auf der einen Seite als Neues erreicht, werfen sie auf der anderen Seite – Zukunft – über Bord. **SO** wird jede Weiterentwicklung ein Schritt zum Ende hin sein.

Denken wir nach, erinnern wir uns: Was alles wurde den Menschen schon von ihren Sagern und ... versprochen.

Da sind die Worte Frieden und Gerechtigkeit, die immer wieder fallen, gleich welche Stellung die Person innehat. Da fällt immer wieder: Wohlstand für alle, gerade von einer Partei, ihrer Kanzlerin. Dabei muss auch ihr klar sein, dass dies, bei der Politik und Partei, die sie vertritt, gar nicht geht, al**SO** eine Lüge ist oder wie man es **SO**nst anders formulieren will.

Da reden die Päpste immer und immer wieder von Frieden und Gerechtigkeit, von Teilen und Geben und allen möglichen „christlichen" Eigenschaften, und leben ihren Anhängern den unmöglichsten „schönsten" Stil von Hörigkeit, Reichtum, Verschwendung und all diesen, die Menschheit spaltenden, Eigenschaften vor.

Was al**SO** ist es, dass die „gläubigen" Anhänger sich diese Un/Wahrheiten gefallen lassen, Glauben, glauben wollen?!

Das in Rom lebende Oberhaupt einer Religion lebt einen Stil an Verschwendung vor, die auf der Welt (Erde) einmalig und ohne Beispiel ist!

Aber diesem Beispiel eifern viele die Erde Regierenden – unerreichbar – nach. Da ist die Frage nach Glaube und Christlichkeit eine vollkommen überflüssige!

SO – eine Partei

Wie viele Parteien gab es schon, haben wir z. Z. im Lande?!

Da sind die Schwarzen, als Bündnis von *CDU* und *CSU*, zwei Parteien alSO(!). Sie vertreten eigentlich nur die Reichen, und SOrgen dafür, dass es SO bleibt oder mehr wird!

Brauchen dafür aber „Mitläufer"!

Die in den letzten Jahren, wo die Bevölkerung immer mehr spürt und wahrnimmt, dass sie eigentlich nicht die Partei ist, die sie sich wünschen, zum Abgucker der Programme von anderen Parteien geworden ist! Würde sie dies nicht tun, würden ihnen die benötigten Wähler in Scharen davonlaufen!

Ihr Ende demnach folgt. Denn eine Partei für die Zukunft ist diese nicht!

„C… – ein Vorbild, wie eine Partei nicht sein SOllte – darf!

Die Roten**,** die sich *SPD* nennen.

Ehemals für etwas mehr Gerechtigkeit und SOziales SOrgend, verrannte sich einer ihrer „Führer" und nahm den Kurs nach „schwarz" hin.

Und die Roten**,** die sich als *Linkspartei* darstellen.

Diese Partei, hervorgegangen aus DDR-Zeiten: Ihr haftet und will man anhaften, dass sie kommunistische Inhalte vertritt. Was, wenn man es BOSHAFT auslegen will, oder einer anderen Partei angehört, auch SO ist.

Aber die Ideen und das, was sie vertreten, sind das, was eine zukunftsorientierte Gesellschaft benötigt: Mehr Gleichheit und Gerechtigkeit

Kommt Gelb, die *FDP.*
Hierzu lesen Sie bitte die nächsten Zeilen.

Und *Die Grünen, Bündnis 90.*
Auch hierzu bitte die nächsten Zeilen lesen.

Und neu *Die „Piraten"* dazu. Siehe nachstehend!
Sicher werden in den nächsten Jahren noch einige Parteien dazukommen, denn die Unzufriedenheit unter dem deutschen Volk nimmt ständig zu.

Hatten wir über viele, viele Jahre ein 3-Parteiensystem, mit zuerst und zuletzt führender Rolle der „Christdemokraten", **SO** wurde dieses abgelöst von den Roten, die damals ein gerechteres System vertraten?!
    Doch die zunehmende, „allgemeine" (?) Anhebung des „Wohlstands" trug wohl dazu bei – und das Geschwafel von „REICHTUM für ALLE" – in vielen Köpfen, war als wahre Möglichkeit hängen geblieben.
    Die Grünen kamen zum Zuge, als der Vorletzte wahrnahm, dass die Lebensbedingungen sich für die Menschheit auf diesem Globus stark veränderten, verschlechterten, sich in Sache UMWELT etwas ändern musste.
    Da bleiben die Gelben, die stets nur die Rolle des Lückenbüßers gespielt haben, doch glatt auf der Strecke.
    Und da sie anscheinend darum wissen, benehmen sie sich auch **SO.**
    Eine Partei, die eigentlich nicht benötigt wird.

Schreit alle Welt nach jungen Führungskräften, **SO** ist und sind die Jungen-Bundestagabgeordneten dieser Partei doch eigentlich eine Katastrophe für diese, denn die meisten „möglichen" Wähler" kommen mit ihnen nicht klar –
    doch das ist ihr ureigenes Problem.

Taucht jetzt auf: die Piraten Partei: Zusammengewürfelt aus IT-Jüngern/Innen, al**SO** Computer-Fans. Es scheint fast **SO,** als seien sie eine Erscheinung wie einst die Partei des Herrn Richters Schill. ***(Er war wohl ein echtes Abbild eines Richters, wie er nicht sein SOllte – ja darf!)***

Fakt ist: Eigentlich müsste der Masse der Menschheit lange schon klar sein, dass alle bisherigen Regierungsformen der Menschheit nicht für die Zukunft – und heute – taugen.

Die Ungerechtigkeit und ungleiche Verteilung, ja die übermäßige Ausbeute der Ressourcen, führen unweigerlich zum vorzeitigen Aus der meisten Lebewesen – darunter gehört auch der Mensch, der diese Katastrophe erst geschaffen hat, sie aber nicht anerkennen will!

Dazu, als (un)gutes Beispiel, dass sich zu Beginn des Jahres 2012 in der BRD abspielte, der Fall: Minister/Bundes-Präsident (…).

Der Herr, der einst als Rechtsanwalt tätig war und die Spielregeln, die dieser Berufsstand hat, genauestens kennt, und sich dessen stets bewusst war und ist, hat alle Tricks und Spielerein voll ausgenutzt! Bis es zu viel wurde oder erkannt war!

Dazu ein Leserbrief an eine Zeitung, die, wenn es um die „schwarze" Partei geht, des Öfteren Leserbriefe nicht veröffentlicht. AlSO parteiisch ist.

*Das Schriftstück ist **vor** dem Rücktritt des besagten Herrn geschrieben worden!*
AlSO urteilen Sie selbst.

Sieht man sich die Zusammensetzung des Bundestages genauer an, wird man feststellen können, dass ein nicht kleiner Teil der Abgeordneten von „Hause aus" Juristen sind. Juristen, die, SO meinen und glauben doch viele einfache Menschen, die Wahrheit sagen, da sie dieser verpflichtet sind – sein SOllten!

Und dementsprechend fallen auch die Beschlüsse, Verordnungen und Gesetze aus, die sie verabschieden!

Und, da sei als „gutes" Beispiel noch erwähnt, der Fall „Barschel", von den vielen anderen negativen Fällen ganz zu schweigen!

SOll mal positiv erwähnt werden: die in Deutschland vorwiegend „gute" Wirtschaftslage. Angestoßen durch die Vorgängerpartei, die dann aber dem Nachfolger, der regierenden Partei zugutegeschrieben wird – wenn man nicht sehen will!

Und was man hierbei völlig übersehen – will – sind die zuvor stehenden und umschriebenen, negativen Eigenschaften und Folgen falscher, nein, partei-spezifischer Grundsätze von Regieren!

Überdenkt man diese Politik und sieht man sich die aufgeführten Kosten für diesen Apparat einmal genauer an (wie beschrieben), **SO** gibt es nur einen Schluss: Diese Regierungsform muss – müsste – schnellstens geändert werden, eine Profi-Regierung muss her!

Bei diesem, diesen Systemen, wird jeder Staat einmal an den Kosten für seine „Arbeitnehmer" und den Ministerien, die sie z. T. produzieren, zugrunde gehen!

Man wirft, im wahrsten Sinne des Wortes, das Geld mit vollen Händen aus dem Fenster! Vernichtet **SO** die Zukunft aller Menschen.

Doch was schon bedeutet dies bei den Reichen, Wohlhabenden?!, die wissen, dass sie nur für kurze, sehr kurze Zeit diesen Globus „beglücken" dürfen!

Von:
An:
Gesendet: Dienstag, 17. Januar 2012 11:25
Betreff: Aktuelles Wochenthema
Leserbrief zum aktuellen Wochenthema!

70% fürs Bleiben?! Da fragt man sich, was haben diese Menschen, diese Gesellschaft für eine Einstellung zu Ehrlichkeit, Fairness, Redlichkeit und Verantwortung und all den Tugenden die man einem ehrlichen Menschen unterstellen darf. Klar, jeder weiss, das mit jedem Tausender den einer im Monat mehr verdient diese Werte eine andere Bewertung bei ihm haben. Aber manche und nur wenige wissen auch, das das lange nicht alles ist: Es gibt in dieser Gesellschaft, diesem Staat eine Schicht, Berufsstand, für den hat das Deutsche Recht keine Gültigkeit obwohl sie es vertreten!!. Da ist im Internet zu lesen*: Alle dem Standes "recht" unterliegenden Richter, Staatsanwälte und Rechtsanwälte unterwerfen sich daher freiwillig dem Prinzip der <u>Rechtsbeugung und des Parteienverrats bei "bedenklichen" Handlungen von Kollegen</u>. <u>*rechtsstaatskonforme Gesetzgebung und Rechtsprechung ungeeignet!*</u> (Dazu gehören auch strafrechtliche Handlungen, nachweislich)
Man bekommt ein Urteil das da lautet "Im Namen des Volkes" nicht aber im Namen des Richters was richtiger wäre, und ebenso ist <u>der Artikel 3</u> unseres Grundgesetzes **"Alle Menschen sind vor dem Gesetz gleich"** im Falle eines Falles, bei einem Schwarzen Schaf von ihnen so gedeckt, **nicht auf sie anwendbar.**
Der zuvor genannte 70%ige ist in diesem Milieu groß geworden und versucht nun, diese Einstellung in seinem Traumjob weiter zu leben. Das Deutsche Volk aber braucht da Oben jemanden, der nicht nur eine "Weisse Weste" hat, sonder alle Voraussetzungen für ein solches Amt mit bringt - nicht die des besagten Herrn.
Wer einmal stiehlt (lügt?) dem glaubt man nicht - der tut es immer wieder!
Sicher, die Erwartung einer Frauhölle-, Goldesel-Pension sind sicher schon Reitz genug sich in diesem Amt halten zu wollen. Ein solcher Charakter aber gehört da Oben aber einfach nicht hin! (Auch wenn die Kanzlerin es aus parteitaktischen Gründen möchte.)
Wer heute immer noch zu den 70% zählt ist ein Mitläufer oder er sollte seine Einstellung zu den Werten dieses Staates einmal überprüfen, von Rechtsstaat kann ja wohl keine Rede mehr sein!

*Auszug aus Einsicht im Web.: Strafrecht bei Amtseidbruch S.13, gezogen 09.10.2008

Und **SO** geht es weiter in diesem Fall:

Heute entschied das zuständige Gremium, dass diesem Herrn der „Ehren**SO**ld" gezahlt werden **SO**ll.

Wohl zugestimmt unter den Voraussetzungen, wie auf Seite 58. beschrieben, und unter der Tatsache, dass **SO** etwas jeden von ihnen treffen kann.

Anders ist das Ganze nicht zu verstehen und nicht zu begreifen.

Das eingeleitete Ermittlungsverfahren der Staatsanwaltschaft wird dementsprechend – wie bei fast allen derartigen Fällen – nach einiger Zeit eingestellt, „aus Mangel an Beweisen".

Man gaukelt der dummen Bevölkerung vor, hier arbeite der „Rechtsstaat" entsprechend geltenden Gesetzen – und die Gültigkeit sei: die Einstellung dieser Verfahren.

> *Wer aber genauer hinsieht weiß, der oberste Richter und „Rechtesprecher", ist die Regierung!*

***

Tatsache ist: Der Staat macht die Gesetze, nicht die, die Recht sprechen **SO**llen. – und die stehen über Gott!

Und die, die die Grundgesetze einmal verabschiedet haben, waren zum großen Teil einst Anhänger der vorigen Regierung.

Das System, das HEUTE als BRa…-VERGANGENHEIT bezeichnet wird.

> *Darauf können wir doch stolz sein – oder?!*

SOlche und diese Gesetzte zu haben!

Amerika, die USA haben als uraltes Anhängsel das Waffen-Gesetz. Und Deutschland als Bleibsel die Scharfrichter und …!

***

Eine reine Geldverschwendung, nicht nur für ein **SO**lches Verfahren, nein, für die Aufrechterhaltung des ganzen Rechtsapparates!

Und es stimmt – ironisch gesehen – was schon hat dieser Herr, gegenüber dem Richter auf Seite 60 getan, ja verbrochen. Und das bisschen Geld, das er jährlich als Ehren**SO**ld erhält, damit würden sich doch viele Hartz-4-Empfänger nur unglücklich machen.

SO ist eben diese Gesellschaft: ohne eine Zukunft, geschweige eine sichere Zukunft!

Geopfert für einige (viele) Reiche und Wohlhabende, auf dem Rücken noch viel mehr Ungläubiger – und Naiver.

Reiche?! „Woher kommen und warum gibt es **SO** viele Reiche und Wohlhabende?

Der Grundstein dafür wurde vor Jahrtausenden gelegt und hat sich, wie beschrieben steht, in den Folgejahren der Zeit weiter angepasst. Aber nicht nur angepasst, nein, immer weiter verfeinert, brutaler geworden, ist den Wischi-Waschi-Gesetzen, des Staates, weit voraus, in einer Überlegenheit.

Dieses kann er auch und **SO**ll es auch, nur dafür gibt es Parteien mit dem C im Logo und dafür machen sie ihre Gesetze.

Gesetze, die dem Volke dienen und Gerechtigkeit und Gleichheit garantieren, die beschließen sie nicht.

Was jetzt an die Unregelmäßigkeiten über die Reichen herauskommt, ist selbst im Jahr 2016 nur ein klein wenig vom Ganzen.

Der Rest, die volle Un/Wahrheit kommt wahrscheinlich nie ans Tageslicht.

Denn wie in Deutschland, **SO** spielen auch in allen anderen Ländern und Staaten deren Regierungen dabei voll mit.

Jeder, der einige Euro im Monat mehr hat, als er wirklich benötigt, kommt in den Verdacht, krumme Dinge zu machen und damit gegen die Allgemeinheit zu verstoßen.

Da sind die Reichen, die etwas für die Allgemeinheit tun, doch wirklich eine Ausnahme!

SO ist die Menschheit von der Gier ihrer eigenen Art zum Scheitern vorverurteilt, zum Untergang verdonnert!

Keine Religion, keine Behörde, kein Institut oder was auch immer kann diesen Untergang heute noch verhindern.

Arme Menschheit!

SO – oder wie

SO – weitermachen wie bisher ist einfach und entspräche voll dem Willen und den Wünschen der Oberschichten! – oder wie, ist eine Frage, die einfach zu beantworten wäre, wenn – doch das wird nie geschehen – oder wie zeigt sich seit Laaangem schon, in der und den sich ereignenden Revolten und Terrorismus, und dazu gehört auch das, was man unter Mafia versteht.

Vieles, was hier nicht gesagt wird, wird nicht gesagt, weil es eigentlich viel zu brutal für die meisten ist und **SO** als unglaubwürdig ausgelegt wird.

Die volle Wahrheit, **SO** wie die Erde mit allem Drum und Dran, die Menschheit sich in allen Dingen und Handeln gibt und zeigt, ist in Wirklichkeit nur brutal, erschreckend und menschenverachtend!

Erschreckend für alle, die sich der Wirklichkeit der Wahrheit nicht verschließen – wollen.

Das System, nach dem alle Völker regiert und behandelt werden, ist im Grundprinzip in allen Nationen das gleiche, ob es sich Königreich, Demokratie oder wie auch immer nennt.

Eine einzige Menschheit gibt es zwar, nicht aber eine einige Menschheit.

Das System, nach dem gelebt und gehandelt wird, beruht in allen Ländern auf „Reiche und Arme". Sie, die Reichen, alleine bestimmen, was und wie die Armen leben dürfen, damit sie für sie schaffen können – und nicht das ganze Volk. Auch hieran wollen die meisten nicht glauben.

Sieht man sich einmal vor einem Wahlgang die Aussagen der Parteien an, und hier fallen in den letzten Jahren besonders die „C"-Parteien auf, aufgrund ihrer schwindenden Wählerschicht, die ständig ihre **SO**nst üblichen, und zu ihren „Grundwerten", sprich Prinzipien, (Macht u. Geld) gehörenden Statuten über den Haufen werfen, nur um Wähler zu behalten.

Doch ihre jetzige Führerin gibt schön verpackt, wie es ihre Art und besondere Begabung ist, auch hier – nur für Outsider erkennbar – zu verstehen, dass ihre Worte nur halbherzig, und in Wirklichkeit nicht **SO** gemeint sind – al**SO** nur ein leeres Wahlversprechen.

Leer, wie vieles, was sie verspricht, und sieht man sich ihre schönen Worte und ihr Handeln genauer an, kommt man zu dem Schluss, dass sie für die Partei, die sie vertritt, genau die Richtige ist – nicht aber für das Volk, das sie angeblich vertritt.

Sie scheint ein Parteimitglied zu sein, das sich sicher schnell auf eine andere Partei mit anderen Partei-Werten umstellen könnte.

Da fragt man sich als erfahrener Mensch, wie kann es sein, dass trotz dieser Wahrheiten junge Menschen dieser Partei ihre Stimme geben?!
Doch sei hier an den Fall „Richter" erinnert, der auch genau zu dieser Riege gehört und sich deshalb **SO** benehmen darf und, obwohl straffällig, ohne Bestrafung dafür – davon kommt!

Wer al**SO** reich und wohlhabend ist, darf auf der Welt, in dieser Republik, die sich Demokratie nennt, sich mehr erlauben, als es Otto-Normal-Verbraucher gestattet ist und wird.

SO und nicht anders, ist es auf der ganzen Erde!

Bleibt noch die Frage, die sich viele stellen: „Woher kommt diese Dame?"

Wie war das noch?

War doch, unbestritten, eine nicht kleine Anzahl ehemaliger Brauner in dem sich dann Demokratie nennenden Deutschland.

Und eben**SO** verhielt und verhält es sich bei und mit allen anderen sich ändernden Regierungen, die sich ändern, auch!

Doch zum Wohle der gesamten Bevölkerung eines Staates, ändert sich nie etwas.

Hier noch mal alles aufzuzählen, was einer einzigen Menschheit entgegensteht, würde den Rahmen sprengen und es würden mit Sicherheit viele Dinge fehlen, die nicht genannt wurden, aber äußerst wichtig sind.

Lassen wir's al**SO** dabei:

Die Menschheit wird an den herrschenden Regierungssystemen scheitern!

Wer da glaubt, ein einig Europa wird alles besser machen, gerechter und gleicher werden lassen, der irrt. Auch in diesem „Verein" ändert sich fast nichts!

Tatsache aber ist: Mit jedem Beamten steigen die unnötigen Kosten weiter an. Warum auch nicht.

Schließlich haben „wir" ja Geld, genug.

SO – ein Europa

Europa wurde und ist ein aus sehr verschiedenen Interessen, Nationen zusammengewürfelter Haufen. Die Interessen und Voraussetzungen, die die einzelnen Staaten mitbringen, sind **SO** vielseitig und verschieden, dass es einige hundert Jahre benötigen wird, bis eine wirkliche europäische Einheit bestehen wird – und kann – wenn man es wollte!

Doch die „Welt", die Menschheit mit allem Drum und Dran wird sich, wenn, gravierend ver/ändern!

Wer einmal in verschiedenen Staaten gelebt und gearbeitet hat, ja sich mit den jeweiligen Verhältnissen, Lebensbedingungen und Mentalitäten der dortigen Bevölkerung befasst hat, wird erkannt haben, dass oft Welten zwischen den einzelnen Mitgliedsstaaten bestehen, die man nicht von heute auf morgen ändern, ja angleichen kann. Was für den einen Staat richtig ist, kann oder ist für den anderen falsch, ja einfach unmöglich.

Über Jahrtausende gewachsene und über Jahrhunderte gefestigte Strukturen der einzelnen Länder, Staaten werden viele, viele Generationen benötigen, um sich lebensfähig anzupassen, anpassen zu können.

Hier zeigt sich ganz deutlich das bestehende System von Arm und Reich, von Sagern und Malochern, von Sklaven und Sklavenhaltern, von Staaten, zu denen Deutschland und (?!!) zählen, und dass einige Staaten – warum auch immer – am unteren Ende der Habenliste stehen.

Doch was auch hier das Problem, die Tatsache ist: Die/der Habende, Deutschland, gibt den Ton an. Bestimmt oder will bestimmen, was die anderen Staaten zu tun haben. Da ist die vielgepriesene Rettung der bedürftigen Staaten nur eine Augenwischerei, ein dummes Gerede unfähiger und kurzsichtiger Politiker. GenauSO, wie man der arbeitenden Bevölkerung hier vormacht, dass alles was getan und beschlossen wird, zum Wohlstand aller dient – was eine glatte Lüge ist.

Zwar war es schon immer SO, dass der Habende sagen durfte und konnte, was der/die anderen zu tun haben, doch im Falle Europa wird dieses nicht funktionieren.

Die dafür benötigte Zeit steht dieser Vereinigung Europa, dieser Menschheit, nicht mehr zur Verfügung.

Den Zeitpunkt, wo man durch mehr Gerechtigkeit und mehr Gleichheit der gesamten Menschheit eine Wende zum Besseren, zu Richtigerem, zu längerem Überleben hätte bewirken können, hat die Politik verschlafen oder verschlafen wollen. Ihr Bestreben war und ist es, Wohlstand für die Reichen zu schaffen und dazu gehört, wie zuvor beschrieben, einfach eine große, untere Arbeit verrichtende Schicht!

Damit ist die Tatsache „Der große (kleine) Unterschied" (s. S. 95) bestätigt.

Eine andere Menschheit wird es nicht mehr geben – können!

Glaubt man, die vielen verschiedenen Maßnahmen zur Rettung des EURO hätten auf Dauer einen Erfolg – für die Reichen – SO ist dies nur ein frommer Wunsch der oberen Schichten, die von der (jeder) Regierung beschlossen wird. In Wirklichkeit kann sich das mit über 2 Billionen (2.000.000.000.000 EURO) selbst verschuldete Deutschland, SOlche Geschenke an andere EU Staaten gar nicht leisten.

Da ist der Gau zur Finanzpleite vorprogrammiert –
und die Zeche zahlt der Steuerzahler, das einfache Volk, wer SOnst!

Glaubt man, das System, den Ablauf der seit Jahrtausenden gültigen Menschheitsgeschichte beibehalten zu müssen – nur weil es die Wohlhabenden SO wollen –
SO ist man schlecht weg auf dem Holzweg.

Vieles verändert sich – zum Vorteil (?) – doch die nötigen Änderungen in Sache Zusammenleben, Überleben, kommen trotz bekannter Notwendigkeiten nicht zustande!

Gehen wir zurück zu Europa:

Zu der Riege, die als Markenzeichen SCHWARZ trägt oder fährt.

Die sich gibt, darstellt und benimmt, als seien sie noch vor dem OBERSTEN Wesen auf der Erde angesiedelt. Die meisten von ihnen stellen sich in einem, unwürdigem, Verhalten dar

und nur wenige benehmen sich wie Menschen.

Oberflächlich gesehen eine richtige Entscheidung, einen SOlchen Zusammenschluss zu vollziehen, aber die Zeit, die unaufhaltbaren Veränderungen auf diesem Globus gehen viel zu schnell voran.

Was heute eine Notwendigkeit ist, ja war, ist morgen längst überholt. Das zeigt der Verlauf, die Statistiken der Wirtschaft, doch zu deutlich. War Amerika, die USA, einmal die führende Nation – verschiedene Staaten in Europa folgten – und Deutschland mischte vorne mit – SO schlich sich Japan einige Zeit unter die Ersten. Doch die Bedingungen dort für die schaffende Bevölkerung waren etwas zu menschenfreundlich, um in diesen, die Welt regierenden, Systemen überleben zu können!

Da sieht es heute mit China, Indien … und, und … sehr viel anders aus!

Die dort regierenden Systeme sind dermaßen menschenverachtend und sklavisch veranlagt, dass sie mit ihrem Willen für mehr Wohlstand, mehr Reichtum der Reichen, über kurz oder lang zu den führenden Wirtschaftsstaaten der Erde gehören werden.

Doch auch bei denen wachsen die Bäume nicht in den Himmel. Auch die unteren Schichten dort verlangen nach „mehr" und SO wird sich auch dort – viel zu schnell – vieles ändern!

Nichts aber zum Positiven!

Es war schon immer SO, nicht 2 oder 3 Staaten wollen die/der Erste sein, nein, nur einer will diese Stelle einnehmen. Dabei werden alle, das menschliche Dasein auf der Erde verlängernden, Maßnahmen missachtet und beiseite geworfen, zum Wohle einzelner.

Dann spätestens ist die Zeit gekommen, wo klar zu sehen ist, dass die Europäische Union eigentlich überflüssig ist/war, denn die „neuen"

Wirtschaftsnationen werden alles plattmachen, was für ihren Erfolg nötig ist.

Dazu kommen alle schon heute sichtbaren Veränderungen auf diesem Globus, die für die Zukunft negativ sind und zu Brutalitäten zwingen!

Aber auch das wird auf Dauer nicht halten: Die zu Neige gehenden Ressourcen, die Umweltbelastungen, die Umweltveränderungen und was es da alles gibt, wird die verschiedensten Staaten, wie bisher auch schon, zu Kriegen verleiten – oder **SO**gar zwingen.

Als Beispiel sei nur der Zweite Weltkrieg genannt, wo es doch im Prinzip – nur - um die (Erd)Ölfelder ging?
Bei den kommenden Kriegen aber wird es um vieles mehr gehen - ums
Überleben der gesamten Menschheit!!

Der gesamten Menschheit, nicht nur der Reichen. Wobei die Reichen aber ohne das arme, schaffende Volk, nicht auskommen!

Dieses ist allen Sagern und allen Regierungen der Erde bekannt …

*und deshalb leben, regieren sie auch **SO** – und nicht anders!*
(s. die einzelnen Kapitel)

Es gäbe eine Unzahl von Beispielen, von negativen Geschehen, die erwähnenswert sind, doch was gesagt werden muss, ist längst geschehen.

Das, was jedem, der ein wenig nachdenkt – über die Zukunft – doch bedenklich erscheinen muss, ist die Frage: Warum lässt die Masse der Menschheit sich **SO**lche Regierungssysteme gefallen, wo Gleichheit und Gerechtigkeit mit Füßen, Händen und Worten malträtiert werden?

Die Antworten **SO**llen hier ausstehen bleiben, denn sie sind vom Umfang her viel zu weitreichend, und nicht jeder würde und will sie verstehen, dafür ist der Unterschied zwischen unten = arm und oben = reich, einfach zu groß –

unüberwindbar, menschenverachtend.

Dieses Buch erhebt keinen Anspruch, der Weisheit letzte Erkenntnisse zu haben. Nein, hier denkt nur einer nach, der mit viel Erfahrung, Erkenntnissen aus seinem Leben und seinem Beruf, über die Übel der

Vergangenheit, Gegenwart und Zukunft nachdenkt, *was der Oberschicht sicher ein Graus ist.*

Und dennoch, was gesagt wurde, musste gesagt werden, wird der Menschheit aber ein längeres Leben auf diesem Globus nicht mehr bringen können.

Es ist für einen Teil der Menschheit mehr als erschreckend zu sehen, wie der Rest von ihrer Art, geführt von Reichen und Sager, blind in den Abgrund läuft!
… Und in den letzten Jahren nimmt die Zahl derer, die dieses Dilemma erkannt hat, ständig zu – erschreckend zu – ohne eine positive Änderung, zu!

Die Erde, die Welt, ist eine sich ständig ändernde, ja bewegende, alsSO im Statischen und vielerlei anderer Hinsicht arbeitende Einheit, und unterliegt damit auch den sich daraus er/ge/gebenen und bedingten Veränderungen eines SOlchen Objekts – *mehr ist dazu eigentlich nicht zu sagen!*

Europa: Dazu ist noch festzuhalten:
Ein einiges Europa wird es nie geben.

Das ist SO wie bei der „Bildung für alle": Wer von den Reichen, denen da oben, will schon eine Menschheit, die im Gedankengut, im „Reichtum" und allem anderen gleich ist.

Europa ist dabei, die Spitzenposition an Reichtum und Wohlstand zu verlieren, die aus Arbeitenden (Sklaven) und deren Leistung besteht, wenn alle Länder gleich wären.

Da ist bei „Bildung für alle" die Tatsache; dass man ein mitdenkendes Volk schlecht steuern, unterdrücken kann, viel zu groß.

Dafür reicht eine einzige „Eliteschule" wie z. B. Salem am Bodensee aus, um den Bedarf an benötigtem Personal decken zu können.

SO – eine Gesellschaft

Eine Gesellschaft?

Es gibt **SO** viele Gesellschaften und -formen, dass sie hier nicht alle genannt oder aufgeführt wurden.

Doch eines ist sicher, jede Gesellschaft ist oder besteht aus einer „Gruppe" Gleichgesinnter – was auch immer dies heißt oder ist.

Eine im üblichen Sinn gemeinte und gedachte Gesellschaft hat zwangsläufig an der Spitze einen „Häuptling", einen **SO**genannten Geschäftsführer, der diese Gesellschaft „führt".

Danach kommen Stellvertreter, Rechnungsführer, Kassenwart und wie sie alle heißen und sich nennen, dazu.

Die noch einfachere Gesellschaft aber ist die, wo einer jemanden, eine Gruppe von Leuten, zu einer Feier – gleich welcher Art – einlädt.

Hier übernimmt der Gastgeber alle zuvor genannten Funktionen.

Die zuvor genannten Gesellschaften können – wie immer – im eingeschränkten Sinn als **SO**lche bezeichnet werden.

Kommen dann die Gesellschaften, die sich aus Kapital-Gleichgesinnten bilden. Ihr Ziel ist – unzweideutig – die Vermehrung von eingesetztem Kapital, was Geld ist. Das Be**SO**ndere an dieser Form ist die z. T. be**SO**ndere Rücksichtslosigkeit, mit der sie häufig vorgehen!

Nicht der Gesellschaft etwas Gutes tun ist ihr Ziel, nein, für sie heißt es

„Nehmen, wo und wie immer es geht"! Gott gibt es ja doch nicht!

Kommt als Steigerung der Gesellschaftsformen – Gemeinschaft, ein Volk – die Demokratie dazu.

Aber wohin man auch sieht, eine Demokratie im Sinne von Demokratie, gibt es auf dieser Erde nirgendswo!

Alle Regierungen sind aus Systemen hervorgegangen, die nichts von Demokratie beinhalteten – und die jetzigen bauen auf die vorherigen auf.

Zwar sind Spuren von Demokratie vorhanden und im jetzigen System zu finden – aber das Wort Demokratie dürfte für diese Systeme nicht verwendet werden!

Schuld daran tragen alle Medien mit. Die **SO** sehr gelobten und gepriesenen Moderator/INN/en aller Sender und aller anderen Medien, können anscheinend nicht auseinander halten, was Demokratie ist und was nicht.

Sieht man näher hin, muss man feststellen – wie gehabt –, dass alle im gehobenen Einkommensbereich liegen. Al**SO** eine andere Sichtweite zur Gemeinschaft, zur Gesellschaft haben.

SOllte in vorstehenden Artikeln vergessen worden sein, dass bei der Aufzählung von Regierungsformen eine nicht dabei ist, vergessen wurde, **SO** sei dies hier nachgeholt: Es ist die Regierungsform, wo die Kirche, etwa Kardinäle usw., das Oberhaupt der jeweiligen Gesellschaft, Gegend, Land oder Region, Volkes, war.

*Wer gar glaubt, unter **SO**lch einer christlichen Führung herrschte mehr Gerechtigkeit, der irrt, unterliegt seiner Naivität.*

All die bisher aufgeführten Gegebenheiten wurden und sind Bestandteile, die in dieser angeblichen „Demokratie" wiederzufinden sind.

Ob „C" in der Adresse einer Partei oder nicht, Tatsache ist doch, dass alle eine eigene Richtung, eine eigene Gruppe vertreten – wollen.

Da sind die mit dem „C", die nur für die Reichen und Wohlhabenden da sind und alles tun, damit deren Wohlstand sich mehrt.

Al**SO** im Sinne von Demokratie eigentlich verboten werde müssten in dieser Gesellschaft.

Da sind die anderen, die, um genügend Stimmen zu erhalten, den vorgenannten Scharlatanen nachlaufen – müssen – und **SO**mit ihr eigentliches Programm nicht erfüllen können.

Da ist das Bundesverfassungsgericht, das, wenn es ein **SO**lches wäre, wenn es unabhängig und frei entscheiden könnte, müsste und dürfte, wenn auch SIE, die Richter, im Einkommen nicht anders lägen als Otto Normalverbraucher, eine Demokratie wie sie in Deutschland ist,

verbieten müsste!

Ge-Richte, gleich welcher Art, sind verlängerte Arme der Demokratie.

Mehr aber nicht.

Doch leider ist es nicht **SO**. Auch hier spielen alle aus der Vergangenheit übernommenen Faktoren mit.

Diese Gesellschaften werden nie zu einer Gesellschaft, zu einem einzigen Volk werden, dafür SOrgt mit allen Mitteln das Kapital, vertreten durch die beiden Parteien mit dem „C" im Kürzel.

Darunter fallen beSOnders: „Mutti", mit ihren Lak... und SOlche aus Bayern auf, die durch UNMENSCHLICHKEIT, im Sinne „von einer Gesellschaft" sich beSOnders hervortun.

Nicht zu vergessen den Namen von Minister Friedrich, der sich beSOnders in Menschlichkeit hervortut – aber nur das Spiegelbild seiner Partei ist!

***

Gesellschaft?: Arm und Reich ist SO gravierend ungerecht verteilt, man denke nur an die neuen Kommunikationsmöglichkeiten, die alles auf der Welt viel schneller verbreiten und SOmit das Wissen über Arm und Reich unter den Armen verteilen – und damit zum Handeln auffordert!

Dies ist eine Tatsache, die seit/vor Jahrzehnten sichtbar war und kommen musste!

Eine/die Lösung für dieses Problem gibt es nicht.

Wenn aber, bestände sie darin, der Menschheit auf diesem Globus Gerechtigkeit und Gleichheit zu verordnen – *was nie – kommen wird.*

Aber: Man stelle sich einmal das Verhältnis Arm zu Reich vor, dass etwa bei 7 bis 10% Reichen, zu 90% Nichtwohlhabenden liegen dürfte und der Anteil der unwürdig im Elend lebenden Armen viel zu groß ist.

Und bei weiterer Verknappung der Ressourcen sich sicher noch verschlechtert wird – muss!

Die sich hieraus ergebende und bekannte Tatsache ist die, dass alle, *die da oben SO leben, als wäre nach ihrem Ableben, das Leben für alle zu Ende!*

SO – und nicht anders ist diese Gesellschaft!

Doch da stellt sich die Frage: Warum reagiert die arme Schicht, die Mehrheit der Menschen nicht darauf und wehrt sich auch nicht dagegen?

Fürchten sie etwa die Vernichtung durch die Reichen, durch ABC-Waffen?

Die aber lassen sich nicht bei deren Vernichtung nur auf die Armen beschränken.

SO – eine Wahl

Eine Wahl?

Wahlen gibt es wie Sand am Meer.

Da wird gewählt um welche Farbe, Größe, Länge, Weite und auch um die verschiedensten Produkte. Deren Aussehen, Form und …, und selbstverständlich auch dessen Qualität. Ob Weinkönigin, Heide- oder Kartoffelkönigin zu nennen, sind hier nur einige der möglichen „Königinnen" aufgeführt.

Ob Tretroller, Fahrrad, das Auto (!) und all die anderen Fahrzeuge, hier gibt es Wahlen zu allem Möglichen. Das, was dem menschlichen Hirn **SO** einfällt.

Was da ein wenig anders ist bei den Wahlen sind die, die man unter Politik einordnen kann.

Von Wahlen in Diktaturen oder ähnlichen Gebilden nicht zu reden, hier wird und steht das Ergebnis zum großen Teil schon vorher fest.

Aber, das oder **SO** ähnliches, kann es auch in **SO**genannten Demokratien geben!

Da gibt es Bürgermeister-, Stadtdirektorwahlen, Gemeinde-, Kreis-, Bezirks-, al**SO** Kommunalwahlen, gefolgt von Landtagswahlen und Bundestagswahlen.

Wahlen wie die von Krankenkassen-Vorständen, von Vereinen und Verbänden, auch kirchliche und was hier noch alles aufzuführen wäre, alle diese unterliegen bestimmten Reglementierungen, Riten, gesellschaftlichen Gegebenheiten und Zwängen, die sich irgendwie gleichen.

Natürlich **SO**ll das „Kind" oben an der Spitze nicht nur einen NAMEN, **SO**ndern auch einen Titel haben, mit dem es glänzt.

Dies gilt für alle zuletzt Genannten.

Bei der Politik kommt noch einiges hinzu: Da unterscheiden sich die Parteien stark nach der Wählerschicht, die sie vertreten – wollen. Doch was sie alle wollen, ist deren Stimme auf dem Wahlschein.

Was aber einige von diesen möglichen Wahlkandidaten vergessen – wollen –, ist, dass sie eigentlich ein ganzes Land, dessen Bevölkerung vertreten wollen und SOllen, müssten.

Doch daran hapert's bei einer beSOnders. Sie vertritt nur eine Schicht, die, wie schon geschrieben steht, nicht christlich, SOzial, gerecht und auch nicht demokratisch ist.

Da ist die Wahlaussage „… erfolgreich für alle" oder SO doch eine Verhöhnung der breiten Masse.

Klar: Alle schuften oder darben für die Schicht, die sie in Wirklichkeit vertritt!

Die Aussagen dieser Schichten, dass ihr Reichtum auf ihre besonderen Leistungen und Einsätze beruhen, ist nicht mehr als sehr dummes Gefasel! Da sollten sie sich mal die Leistungen von vielen Handarbeitern ansehen, die wirklich arbeiten!

Es ist einfach nur erschreckend zu sehen, wie die Mitläuferschicht dieser Partei es ihr ermöglicht, alles, was für eine Zukunft notwendig ist und was der SO oft zitierten Aussage „Zukunft für unsere Kinder" entgegensteht, zerstört.

Das aber steht auch im Gegensatz zu einem möglichen Gott, zum Glauben.

Und diesem frönen sie gerade im „Süden" und einigen anderen Regionen, die sich beSOnders christlich nennen – sein wollen!

Da werden in einigen Ländern der Erde Riten und Bräuche aufrechterhalten, die lange überholt sind und jeder menschlichen Erkenntnis und Vernunft entgegenstehen.

Hier aber, in unserem Land, SOllte man eigentlich der Meinung sein, dass die Masse der Bevölkerung aufgeklärt ist und für eine gerechtere Menschheit steht – doch dem ist nicht SO. Was die meisten zeigen ist, dass keiner von ihnen an ein Leben nach dem Leben glaubt, sie alSO „G…" mit ihrer Haltung und Tun verhöhnen, nicht an ihn glauben!

Hier gilt der Spruch:

„Heil dir dem Siegerkranz, nimm was Du kriegen kannst"!

163

Wenn eines Tages auch das böse Erwachen über Deutschland kommen und man einsehen wird, dass man falschen Worten, ja Aussagen nachgelaufen ist, ist es einfach nur zu spät.

Dann kann auch eine Partei, die für mehr Gerechtigkeit, Natur und Umwelt steht, nichts mehr ändern!

SO wählt man **SO**, *weil man das Denken anderen überlässt und sich* **SO** *nicht verantwortlich fühlt – es aber ist!*

SO – was noch fehlt

Eigentlich, wenn man das, die momentanen Regierungssysteme nicht auf die Spitze treiben und eine Studie aus diesen Zeilen machen will, ist fast alles gesagt. Doch nach dem Kapitel „Resümee" fehlt noch die Aussage zu der Zeit „fünf", die die Zeit in der Zukunft ist.

Es wäre anmaßend zu glauben, hier könnte einer wirkliche Voraussagen machen oder Annahmen niederschreiben, die auch tatsächlich eintreffen werden – werden müssen.

Nein, alles, was hier steht, ist wie alles, was bisher geschrieben wurde, aber auf „sehr" – ausreichende Wissens- und Lebenserfahrung zurückzuführen – *nur viel kritischer und genauer, in Kurzform betrachtet!*

Es ist leider unmöglich, die immer wieder vorkommenden Worte: Gleichheit, Gerechtigkeit, Arm und Reich, nicht zu erwähnen.

Sie alleine sind es, die zu der Lebensform dieser Menschheit beitragen ... ihr die Grundlagen für eine einzige Gesellschaft und eine geordnete Zukunft geben könnten!!

Was unumstritten belegt und gelebt wird und täglich zu sehen und hören ist, braucht – da im Buch ausreichend beschrieben – nicht erneut diskutiert zu werden.

Der Beweis für die Richtigkeit, dass durch die Ungerechtigkeit und Ungleichheit das Leben auf der Erde für die Menschheit nur noch sehr begrenzt ist, *ist doch zweifelsfrei erbracht!*

Auf dieser Basis beruhen aber auch alle weiteren Annahmen!

Gelebt wird nur noch für Spiele und Spaß, für das Verblöden der Masse
– und das ist die tödliche Falle, die die Mehrheit nicht wahrhaben will.

AlSO gehe sie dahin mit den Vor- und Nachteilen, die die
Ungerechtigkeiten und Ungleichheiten den Menschen bringen, gebracht
haben.

Reichtum und Armut nehmen weiter zu und mit ihnen auch die darin
steckenden Gefahren und zwangsläufigen Veränderungen.

Schuld an allem ist: Sieht man sich nochmals alle Regierungsformen auf
der Welt an, die einst und jetzt existier/t/en. Keine davon war und ist bis
heute dazu geeignet,
der Menschheit eine Zukunft zu geben.

Dazu gehören auch die seit Ende des Zweiten Weltkriegs
eingeschworenen Systeme, die uns beherrschen – regieren!

Ob Regierungspersonen, gleich welcher Couleur, ob Medien usw., alle
reden sie von diesen beiden „Zwangsverwaltungen" in Deutschland –
und anderen Staaten – dabei weiß kaum einer von ihnen wirklich,
worum es sich bei diesen Arten von Regiert-werden handelt – *was sie
sind und wirklich bedeuten. Geschweige nach ihnen gelebt und regiert
wird – werden müsste!*

Sie alle wollen uns nur Glauben machen, wie schlau sie sind, dies wären
die einzig richtigen Systeme. Die sie auch wären, *wenn man sie
ausleben würde. Wie da war der Kommunismus in seinen Grundzügen.*

Es gibt keine echte Demokratie auf der Erde. Denn das, was und wie es
gelebt wird, beruht alles auf dem System, dass es Reiche geben muss
und Arme dafür da sind, dass sie den Reichen ihren Wohlstand
gewährleisten – ja bringen.
*Dafür aber brauchen wir keine dieser selbstnießerischen
Regierungen!*

… und ebenSO verhält es sich mit unserem Rechtsstaat: Er ist dafür da,
dass es der Oberschicht besser geht, dass Gesetze, die gemacht werden,

dieser Schicht angepasst werden, und dass das Verhältnis Reich und Arm gewahrt bleibt.

... Und dass ihr eigenes Tun unter das Licht der Unfehlbarkeit gestellt ist – auch wenn auch sie nur ganz normale (?) Menschen sind – auch fehlbar! – was SOnst!

Hier zeigt sich zu deutlich, dass die Masse der Menschheit zu leichtgläubig ist. Vielleicht aber ist und sind SOlche Gedankengänge auch nur eine Belastung für sie, können sie nicht richtig einordnen und verarbeiten.

Sie lässt sich mit dem abspeisen, was man ihr seit Jahrhunderten von oben her zuwirft, ja zubilligt – mehr nicht!

Sie will es nicht wahrhaben, *dass die meisten da oben sie für ihre Zwecke ausnutzen.*

Dass jede auf Erden angebliche Demokratie eine Scheindemokratie ist, wird doch fast täglich von vielen, die etwas zu sagen haben, dürfen, bewiesen.

Da gibt es nur sehr, sehr wenige, die positiv auffallen.

Was vonnöten wäre: eine Regierung die auch haften muss für offensichtliche Fehler, die sie begeht – und die vor allem parteiunabhängig ist – alSO neutral, aber kompetent und lang dienend.

Die derzeitigen Regierungen sind alle nur dafür da, diese falschen Regierungssysteme, die seit Jahrtausenden bestanden, zu ihrem eigenen Wohl beizubehalten.

***

Durch den Mangel an lebens- und überlebensnotwendigen Stoffen wie Wasser, Nahrungsmittel, durch die mit den Neuen Techniken gekommenen und ermöglichten leichteren Offenlegungen von Unregelmäßigkeiten, von Bereicherungen der Reichen usw. wird es zu immer größer werdenden Unruhen kommen – müssen.

Was für die derzeitig und in Zukunft lebende Bevölkerung genau SO wichtig ist, ist die Versorgung oder das Vorhandensein von Energie, denn ohne diese läuft nichts mehr!

Hier sei noch einmal an Folgendes erinnert: Die Verseuchungen, Veränderungen, Zusätze bei Lebensmitteln; die Verschwendung von Energie bei und für „Maschinen" und ... die von ihrem Volumen her viel zu groß sind als erforderlich, die Verschwendung bei der Produktion von Artikeln, die nur für Spaß und Spiel geschaffen werden, und, und, und.

Aber hier sei auch einmal gesagt und daran erinnert, an die Verschwendung von allem, was der Mensch zum Leben eigentlich nicht braucht:

Die maßlose und übertriebene Lebensweise der „Kirche" schon erwähnt, sei hier noch auf die Vergeudung von Ressourcen, unter denen auch die Energien fallen, und die Verschwendung von Geldern, die besser für die „Armen" verwendet würden, hingewiesen, die SOlche Veranstaltungen wie z. B. Olympia 2012 erzeugen.

Nicht dass SOlche Events ganz unterbleiben SOllen, nein, aber ein begrenzter Rahmen, der all die zuvor erwähnten Größen berücksichtigen würde, müsste und würde reichen!

Doch das würde bedeuten, dass der Reichtum einzelner nicht weiter gefördert wird.

Ach ja, wenn wir schon in England sind, sei auch einmal die „Krone" unter die Lupe genommen:

Seien wir mal wieder ehrlich, was schon hat sie dem englischen Volke für Vorteile verschafft, was an Arbeit hat sie für diese geleistet?!

Und was hat diese „Krone" das englische Volk bisher gekostet, ganz abgesehen von dem Reichtum, den sie besitzt!

Da kommt man schnell im Vergleich zu der Institution in Rom.

Sei und ist im Zuge vom PC, IT nur daran erinnert, dass diese Technik ja eigentlich das Papier ersetzen SOll.

Was aber zeigt die Wirklichkeit: Arbeitserleichterung und Schnelligkeit ja, aber Papierverbrauch reduzieren nein. Das Gegenteil ist der Fall: Alles – nicht nur das, was wichtig ist, muss und wird auf Papier ausgedruckt und festgehalten – massenweise!

Und wohin wird uns der Weg, die „Vorteile"? dieser Techniken bringen?

Sicher ist: Sie nehmen den Menschen, die arbeiten können, wollen, müssen, die Arbeit einfach weg – daran geht kein Weg vorbei!
Diese Tatsache will keiner, der etwas zu sagen hat, der Masse kundtun – man könnte ihn lynchen!
Doch um im Resümee „fünf" zu bleiben – was die Zukunft betrifft – SOll hier ein weiterer Aspekt erwähnt werden – wo viele, viele andere stehen könnten.

Griechenland:
Die Zustände dort – betrachtet aus der Sicht eines „redlichen" Europäers – sind mehr als nur – aus fast jeder wirtschaftlichen Sicht, katastrophal.
Wo schon gibt es SO viele dicke Pötte wie dort; wo zahlt man Renten Gelder für Tote weiter; wo zahlt man für jeden und jedes Überflüssiges, Institut, Vereine, Behörden, für dies und das, was im Prinzip nicht möglich ist und auch nicht notwendig wäre.
Dieses aber scheint erst das schlechte Gewissen der Reichen zu ermöglichen, die SO ihren Reichtum besser vertuschen können – ihren Staat in die Knie zwingen, wo dann die anderen EU-Staaten für gerade stehen SOllen.
Dass dieses alles SO ist, ist darauf zurückzuführen, dass alle Völker von Systemen regiert werden, die über Gelder (Haben und SOll) bestimmen können, die sie selbst nicht erarbeiten müssen.
Nein, nicht der Einzelne sei hier angeprangert, es ist die breite Masse der Menschheit, die sich dies alles gefallen lässt.
Die das Wohl der Erde in unfähige Hände, die sich freie Marktwirtschaft, Demokratie oder Rechtsstaat nennt, gegeben hat.

„Früher" hatten – die wenigen (?) Reichen (einige von ihnen) – noch Ehre und Standesordnung und lebten nach diesen – waren SO weitestgehend zu ertragen.
Beim und im Handel gab es Ehrenkodexe, nach denen gehandelt und gelebt wurde – und heute?

Heute, wo viele durch was auch immer reich werden, nimmt die Kriminalität genauSO schnell zu und findet in immer ausgefalleneren Unregelmäßigkeiten und Verbrechen ihr nach oben hin offenes Ende.

Wer nicht glaubt, dass alles Böse von oben kommt oder erdacht wird, kennt diese Vereine da oben nicht. Geld und Macht regierten, regieren bis ans Ende diese Menschheit – und viele von ihnen sind eigentlich nicht als Mensch zu bezeichnen, als Mensch, der in eine menschliche Gemeinschaft gehört, denn sie benehmen und geben sich schlimmer als ein böses Tier!

Es wundert einen da nicht, wenn Arme und dergleichen da auch etwas von diesem Kuchen, der sich Wohlstand nennt, abhaben wollen und wenn, auch genau auf eben dieser Art und Weise.

Klar, das eine trägt in Zukunft genauSO zum vorzeitigen Ende dieser Spezies bei wie das andere, *wie alles nicht Notwendige!*

Nehmen wir noch einmal den Menschen als eine Größe: Zunächst ist und wird jede/r als einfacher und nackter Mensch geboren. Doch die vielen unterschiedlichen Voraussetzungen, in die er hinein geboren wird, sind mitentscheidend für seine Zukunft

– und die ist rein menschengemacht –
nicht von der Natur gegeben.
Dass jeder Mensch unterschiedliche Begabungen, Wissensvermögen und SO weiter mit bringt und hat, steht außer Zweifel.
Aber es gibt keine Götter, wie viele von uns ihnen frönen. Die Spanne der Menschheit im Wissen, Verstehen und Können, ist im Vergleich zum Einkommen/Besitz eine sehr beschränkte Spanne. Auch hieran sieht man, dass dies alles von Reichen gemacht ist – von Reichen, von denen die Zukunft der Menschheit zerstört wird!

Zurzeit, nach dem Zweiten Weltkrieg, war die Welt noch eine andere. Da ist man noch mit einem Bruchteil von Energien ausgekommen. Man wusste sich zu behelfen und war auf vielen Gebieten „erfinderisch", überlebenstüchtig.

Doch was noch läuft oder funktioniert heute – und in Zukunft erst recht – ohne Energie?
Nichts und abermals nichts!
Die Menschheit ist von Energie SO abhängig geworden – und merkt es nicht – dass dies eine der Größen ist, die sie an ihr Ende bringen.

Die Erde wird sich vom Bazillus Mensch auf ihre eigene Art befreien!

Dass dies **SO** ist, das beweisen die Lebensweisen der Reichen: Sie wissen, dass auch ihr Leben nur eine kurze Zeit hier auf der Erde währt, *und genau **SO** leben und verhalten sie sich auch.*

Bleibt zum Schluss die Frage offen:

> *Wer sind die Schuldigen an dieser Misere, die sich Menschenende nennt:*
> *Die Reichen – die sich alles nehmen und auch **SO** benehmen – oder*
> *die Armen, die ihnen stillschweigend alles geben, was die vorgenannte Schicht von ihnen verlangt?*

Nicht zu verschweigen: Die Politik, die Regierung/en – angeblich von „freien" Bürgern gewählt – die **SO**lche Schwe... zulässt, ja professionell fördert.

Hier kann man wieder nur feststellen: Kein Land dieser Erde hat eine wirkliche Demokratie und erst recht keinen Rechtsstaat.

Nehmen wir die sich als Beispiele anbietenden Staaten wie: Griechenland; Italien; die USA, wo nur der Kapitalismus – das Geld – die Regierung stellt oder beherrscht; da gibt es eine Unzahl von Ländern, wo es ähnliche Regierungssysteme mit ähnlichem Verhalten gibt. Da reiht sich das deutsche Regierungssystem nicht ungenannt mit ein. Zwar sind die Verhältnisse hier ein wenig anders, aber von wirklicher Demokratie und Rechtsstaat kann keine Rede sein.

Die in Zukunft zu erwartenden – und sich schon heute zeigenden – gravierenden und Tod bringenden Veränderungen, werden wie vieles andere übersehen oder bewusst nach morgen – in weite Zukunft – verschoben.

Nach dann, wenn von den „Immunen" (Sagern) keiner mehr lebt und zur Rechenschaft gezogen wird, könnte, was man sie ohnehin nicht kann, verantwortlich machen.

Festzuhalten sei zum Schluss: dass es kaum eine/n gibt, der die volle Wahrheit von sich gibt, der alle und alles sich auf und mit der Erde dem

Menschen sich Ereignete und Verändernde zusammenaddiert und die Ergebnisse daraus der breiten Masse zur Verfügung stellt.
Sie blind in das voraussehbare Los laufen lässt!

Wer alleine die sich abzeichnenden Veränderungen der Erde – durch den Menschen, die Wohlhabenden erst geschaffenen – sehen will, muss feststellen, dass die Ausbeutung des Planeten Erde und die ihr aufgebürdeten Belastungen, sie an den Rand ihrer Existenz gebracht hat.

***

Es ist keine Frage, wo für dies, was die arbeitende Bevölkerung schafft, benötigt wird. Nein, es ist alleine der Verbrauch, der geschaffen, erzeugt wird, damit Reiche und **SO**lche die es werden wollen, die Erde – und den Menschen **SO** wie **SO** – mehr als nötig, ausrauben!
Es ist (k)eine Frage der Zeit bei den sich ständig zeigenden, zunehmenden, negativen Veränderungen – wer zuerst den „Löffel" in den Sand wirft:
Der Mensch – wie man meist sagt, den Mutter Erde abstößt – oder die Erde selbst, die dann beides in einem löst!
> *An diese mögliche Möglichkeit will keiner der Sager und Eliten „glauben", sie alle tun **SO**, als gehe das Leben von Mensch und Erde **SO** weiter, wie sie glauben, es zu kennen!*

Doch nichts in diesem Weltall ist unendlich – alles ist vergänglich!

***

Da bleibt nur noch das, was wirklich fehlt!

Wäre doch eigentlich der Leitsatz der Richtige:
„Nach der Natur zu leben und für die Natur alles zu tun, damit sie der Menschheit möglichst lange erhalten bleibt"!
Doch genau das Gegenteil ist der Fall; Der heimliche, meist nicht ausgesprochene Leitsatz lautet doch:
„Wie komme ich an dein Geld"!

Doch leider regieren alle Regierungen nach diesem Leitsatz, regiert auch die deutsche Regierung – Ihre Regierung –
und handelt dadurch gegen den eigentlichen geltenden Grundsatz für die Menschheit.

Da sind Tagungen und (…) in Sachen Klima (Konferenz) – in „Klima" stecken die Worte Umwelt und Ressourcen, die erst zu den Klima-Konferenzen geführt haben –, die seit Jahrzehnten fällig gewesen wären und immer noch ohne konkrete Ergebnisse sind, eigentlich zwecklos – auch die 2015 in Paris hat kaum ein für die Allgemeinheit brauchbares, erforderliches Ergebnis gebracht. Denn für eine Besserung in Sache Klima ist die Zeit längst abgelaufen, und jede Regierung wird, wie immer, ihr eigenes Süppchen daraus kochen.
Das wiederum hat die soeben in Deutschland zu Ende gegangene Welt-Klimakonferenz ganz deutlich gezeigt. Mit billigen Ausreden.
Denn was geht es die Reichen in Deutschland schon an, dass z. B. die Atlantik-Inseln und ... kurz vor dem Absaufen stehen?

Wie wissen WIR doch: Reichtum verändert die Welt und Gott hat es **SO** gewollt – al**SO** nehme man mit, was immer sich einem bietet.
Vielleicht wird Ihnen lieber Leser/IN jetzt bewusst, dass, warum hier immer wieder vom „C", der Kanzlerin oder von den „schwarzen Partei/en" die Rede war. Nur sie, ihre Partei?, regiert dieses Deutschland die letzten Jahrzehnte vorrangig. Trägt also die Verantwortung dafür, was, wie, wo geschieht – *ganz allein.*
Ganz alleine nicht: SIE können und haben mit ihrem Kreuz auf dem Stimmzettel die Möglichkeit und tragen auch die Verantwortung dadurch, wer oder wem Sie diese übertragen – *mehr nicht!*
Und, hört man sich die vielen Aussagen intelligenter, wissender Personen an, kann man manchmal zu der Ansicht kommen, sie wären auf dem Wissensstand von vor einem halben Jahrtausend stehen geblieben –
SO – *zukunftsverachtend sind ihre Aussagen.*

Und **SO** sicher und richtig wie diese Aussage ist, **SO** sicher ist es auch, dass in Sachen Änderung, in Bezug auf ein längeres Über/Leben der Menschheit, nichts geschehen wird!

Es widerspricht den Grundsätzen der regierenden Partei!

Es widerspricht dem, was ihnen die als Vorbild für ihr Tun vorlebende Religion vorlebt.

Bleibt die berechtigte Frage: nach der Richtigkeit der Religionen?!

Müsste vielleicht auch bei denen einmal über Falsches nachgedacht werden? Fromme Sprüche sind einfach viel zu wenig!

Alle, die etwas zu sagen haben, meinen, glauben gar, sie müssten beweisen durch ihren gehobenen Lebensstil, dass sie etwas Besseres sind.

Halten Reich und Arm für zwingend notwendig – leben es ihnen in „bester"(!?) Form vor. Tragen ihrer Verantwortung aber keine Rechnung – im Gegenteil, vernichten durch ihr Verhalten alles für die Menschheit erforderliche GUT!

Diese Erkenntnisse, die hier niedergeschrieben sind, beruhen – wie schon gesagt – auf Jahrzehnte langen Erfahrungen und ..., und sind durch ihre Unabhängigkeit in Bezug auf Politik und Glaube von ernst zu nehmender Glaubwürdigkeit!

SO – zum Schluss

Bliebe noch, für den, den's interessiert, der erwähnte Fall!

Ja der Fall, wo es um den Richter geht, der kriminell geworden ist, und um das, was bei der Nachforschung für ein SOlches Vergehen in Deutschland an Strafe – oder nicht – vorgesehen ist.

Dazu: *Im Vorhinein, dem Anzeige-/ Beschwerdeführer unseren Dank dafür, dass er uns für dieses Buch Kopien der Originalschriften zu Verfügung gestellt hat: Denn aus ihnen geht zu deutlich hervor, dass es sich bei diesem Staat nicht um eine echte Demokratie und/oder einen Rechtsstaat handelt.*

Die Schriftstücke belegen auch, dass alle zuvor genannten „Eigenschaften"(?!) dieser Gesellschaft von Anbeginn an da waren und weiterhin ihre Gültigkeit haben – werden!

Nach dem bisherigen Verlauf des Vorgangs in der Bundesrepublik Deutschland war nichts Gutes zu erwarten, da man auch dort deutsches PerSOnal hat, dass die Eingänge an „Fällen" vorSOrtiert!
SO war es auch in diesem Fall nicht anders!

Dass der die Anzeige gegen den Richter Erstattende längst die Achtung und den Respekt gegenüber allen Behörden und SOnstigen Institutionen des „Rechts" verloren hatte, wurde auch im nachstehenden Schriftverkehr – ein wenig deutlich, denn die Eingabe schleppte sich über Jahre bis zur KO-Erklärung der Behörden hin.

... und SO wird Ihnen hier die Gelegenheit gegeben, einiges aus dem ergangenen Schriftverkehr mit zu verfolgen!

Angemerkt sei noch – angesichts des zu erwartenden Ausgangs – dass der Beschwerdeerstattende nach gut zwei Jahren einen Offenen Brief an einige hundert namhafte PerSOnen, Institute, Behörden, Medien, ja SOgar Botschaften schrieb, ohne auch nur eine einzige Antwort zu erhalten.

Das aber heißt: Alle von ihnen wissen um den „Mangel" in Deutschland – und anderswo – und unterlassen es, im eigenen Interesse, SO etwas publik zu machen oder gar dagegen etwas zu unternehmen!

Und: *Da spricht die Tatsache, dass es außer dem angezeigten Richter, dem Anzeige Erstattenden, es noch fünf Zeugen gibt, die wenn, ... die Anzeige in allen Punkten hätten bestätigen – können. Vorausgesetzt: Eine Anhörung – laut Gesetz gefordert – hätte stattgefunden!*

174

Diese Veröffentlichung zeigt und offenbart nur die Missstände einer **SO** genannten „Demokratie und eines Rechtsstaates".

Zeigt, dass es auf keinen Fall eine Gerechtigkeit gibt und dadurch dies Dilemma hier gefördert wird.

Beweist, dass das bestehende System hier nicht für die Menschheit taugt!

Nachdem die Beschwerde Anfang 2008 beim EuGH für Menschenrechte eingereicht wurde und der Eingang von dort bestätigt war, erging nachstehendes Schreiben.

SO verging Jahr für Jahr, wo auf eine Erinnerung eine Bestätigung kam.

Dass man auch hier auf Zeit spielte, war zu offensichtlich:

Glaubte man sicher, der Beschwerdeführer verliere den Mut zum Weitermachen und gäbe auf.

Und *SO* erfolgt nach dem November-Schreiben 2011 die Antwort, „eine Entscheidung käme in Kürze"!

Als bitteres Ergebnis aus diesem Fall ist die Erkenntnis: dass oben gelogen und betrogen wird, wo immer es geht und für deren Interessen nötig ist!

Alles, was es an Grundgesetzen gibt, ist nur für die Allgemeinheit bestimmt – das dumme Volk.

Oben sucht man sich aus, was man davon gerade gebrauchen kann oder dreht es völlig um, legt es anders aus.

Lesen Sie dazu die am Ende stehenden Seiten.

Nachstehend der "Offene Brief", der ohne jede Antwort blieb, und SO wohl auch kaum einem „normalen" Menschen" in den Sinn käme.

Die meisten der Bevölkerung glauben mämlich: Dies alles, diese/r Staat sei ein „gerechter", regulärer Staat.

Sie hoffen darauf, dass alles, was ER tut, nur zu ihrem Wohle, der Allgemeinheit geschieht. Doch das Gegenteil ist der Fall!

Dies System, das es seit Jahrtausenden gibt, Arm und Reich, ist die Grundlage aller Regierungen auf der Erde!
Eine einzige, einige Gesellschaft, wo jeder für jeden einsteht, wird es nie geben – nicht, weil es nicht möglich ist.

Der nach außenhin scheinende „Frieden" in den oberen Etagen, wird durch den Glanz, den sie verbreiten, überdeckt. Zieht man diesen Mantel zur Seite, bleibt vom Glanz nicht mehr viel übrig. Hieran ändern auch die schönen Worte, die etwa ein Bundespräsident zu irgendwelchem Anlass gibt, nichts – er müsse, wenn, bei sich selbst anfangen!

***

Bliebe zur Zukunft noch zu bemerken: Alle sprechen davon, reden von „zukunftsorientiert", von „in die Zukunft sehen", von „die Zukunft wird's bringen" und vielen, die Zukunft als Schlagwort bezeichnenden Aussagen, ob Kanzler/In oder andere, die meinen, etwas sagen zu dürfen.

Was sie aber in Wirklichkeit damit bezwecken ist das, was sie falsch gemacht haben oder nicht richtig war in der Vergangenheit, diese Tatsachen zu vertuschen, nicht dazu Stellung nehmen zu wollen – zu müssen!

Das ist „guter" Stil in der Politik – nicht nur(?!).

Da sei nochmals an die vielen Dinge erinnert, die man weiß, die nicht sein müssten, weil sie die Zukunft verkürzen und gegen die man nichts unternimmt!

Das Auto sei da nur eines der negativen Beispiele, die anderen nicht erwähnt (!), das sicher die meisten verstehen werden und können.

Das Auto, eine nützliche Erfindung des Menschen. Die vielen anderen, dem Menschen Vorteile bringenden Neuerungen, wären, würde man ihre Vorteile sinnvoll begrenzen, ab**SO**lut zu akzeptieren.

Doch das das nutzbringende Maß Übersteigende an allen Techniken, vorwiegend von der Größe her, trägt zum vorzeitigen Aus unserer Spezies bei!

Alles, was auf diesem Globus geschieht, geschieht nur zum Wohle der Wohlhabenden und Reichen. Sie sind es, die die Erde zu Aktionen, Taten zwingt, die kaum einer wahrhaben will.

Was den meisten als Fortschritt gilt, und vom Rand her gesehen auch *SO* ist, stellt sich bei näherer Betrachtung als Ausbeute der Natur dar.

Aber: Fast alles, was heute *SO* läuft, wird von einer der zuvor genannten Art von Menschen erdacht oder erfunden. Da ist das Kriminelle keine Ausnahme! Große Worte und Taten von ihnen, **SO**llen über ihr wirkliches Verhalten hinwegtäuschen.

Sprechen wir's wörtlich aus: Ressourcen und Umweltbelastung sind gleich, sind hier die größten Belastungen: Das Wasser; die Verseuchung desselben, der Anstieg der Meere durch Schmelzen der Gletscher usw.; die Luft; Belastung durch Freigabe von Schadstoffen für Mensch und Tier usw.; der Verbrauch, die Vergeudung von Ressourcen durch sinnlos überzogene Artikel, für den Luxus vorwiegend für die R... Aber nicht nur für die: kommt als nicht zu unterschätzende Größe, Spiel und Spaß hin zu.

Hier sparen wir uns lieber jeglichen Kommentar oder Aussage dazu.

Hätten wir ..., wäre vieles anders – würde der Mensch eine längere Überlebenschance – (gehabt) haben!

* * *

Sei nochmals an den Fall „Richter" erinnert! Der in seiner Gesamtheit die Wirklichkeit in Deutschland, in der ganzen Welt, mehr als klar darstellt!

Dem Mitdenkenden das Bild dieser Menschheit aufzeichnet.

Den anderen zeigt: Dass man kaum einem/keinem, der OBEN steht und das Sagen hat, blind vertrauen kann!

H

Deutsche Demokratie; Deutsches Recht – Deutschland ein Rechtsstaat??!

Sind **Sie, und auch Sie,** etwa der Meinung und Ansicht, dass es stimmt und richtig ist, dass dies so ist. Dann überprüfen Sie, an Hand der beiliegenden Kopien ihre Einstellung.

Den zweiten Weltkrieg haben wir hinter uns, und haben Gesetze gemacht von denen die Meisten glauben, dass sie uns vor solchen Ereignissen, bezogen auf Verletzungen gültiger Gesetze, verbriefter Rechte und Menschenrechte, ja Willkür der Staatsmacht schützen.
Man hat in den Grundrechten unserer Verfassung festgeschrieben: **Artikel 1**
Menschenwürde, Rechtsverbindlichkeit der Grundrechte
(1) **Die Würde des Menschen ist unantastbar. Sie zu achten und zu schützen ist Pflicht, aller staatlicher Gewalt.**
(2) **Das Deutsche Volk bekennt sich darum zu.........**

Artikel 3
Gleichheit vor dem Gesetz
(1) **Alle Menschen sind vor dem Gesetz gleich.........** usw.

Doch die Wirklichkeit sieht oft anders aus was viele Fälle beweisen. Nur, der Staat hat sich hierfür §§ geschaffen, z. B. § 93 BVerfGG, der gesetzlich gesehen unangenehme Fälle auf einfacher Weise erledigt und bereinigt, auch wenn er ein krasser Widerspruch zum Grundrecht ist. Dazu wird ihnen jeder Jurist sagen: „mit **dem können sie alles Beiseite schieben was unangenehm ist".**   Anscheinend gibt es nicht nur gesetzestreue und fair handelnde Personen in diesen Berufen!
Keiner will offiziell etwas mit den Methoden des dritten Reichs zutun haben. Doch die Wirklichkeit ist anders, wird vom allen staatlichen Behörden unterwandert, gedeckt, doch sie geben es nicht zu. Das aber heißt: Das Fälle wie diese und ähnliche, wo ehrliche Richter entscheiden müssen, man sie mit diesem § erledigt!
Der beiliegende Fall beweist eindeutig, dass selbst das Bundesverfassungsgericht bei Fällen, wo gegen ihres Gleichen geklagt o. Anzeige erstattet wird, von diesem § Gebrauch gemacht wird, und damit ihre Schwüre und Eide auf die Verfassung der Bundesrepublik Deutschland gebrochen werden. (Wenn a. rechtl. gesehen dies n. §93 i. O. ist, **doch die Artikel der Verfassung stehen eindeutig darüber!!**)
Der Königsfall: Die Sache war eigentlich rechtlich klar und einfach. Bedurfte, so ein anderer Richter später: *Eigentlich hätte die Klage abgewiesen werden müssen.* Doch der Kläger fand mit Hilfe seines Nachbarn u. Freundes, einem Raw, einen Weg mit dieser Klage zu eben diesem Richter – der für solche Art Verhandlungsführung bekannt ist. Die Beklagten (auch ich) aber fanden keinen Raw der ein Verfahren gegen diesen Richter einleitete. (warum nicht, ersehen Sie aus beiliegender Kopie)
Einen Richter, der sich über **alles für das er einen Eid abgelegt hat hinwegsetze,** war mir bisher nicht bekannt!
Der Fall war so eindeutig klar, und die Verfehlungen dieses Richter so groß, das ich es wagte, eine **Anzeige gegen ihn** auch alleine zu starten. Auf wenig Erfolg war ich vorbereitet, doch dieses **Ausmaß an staatlicher Verweigerung, des, jedem Deutschen zustehenden Rechts, das ich glaubte zu haben, wurde mir von allen Behörden in Deutschland, mit fadenscheinigen Antworten oder §§ verweigert oder abgewehrt.**
Und auch das hatte ich, mit zunehmender Kenntnis Publik gemacht, denn jede Verweigerung stellt auch in diesem Fall das Vergehen eines anderen §§ dar!
Die mir wiederholt mitgeteilten Kenntnisse: das ein Richter in seiner Amtsführung und..., unabhängig ist, ist für mich ein **Eingeständnis der Schuld,** doch etwaige Nachfragen oder gar ein Gespräch von irgendeiner Behörde mit mir gab es nicht! – die Verfehlungen des Richters zu offensichtlich!
Die Antwortschreiben erhielten die Betreff: 1x Freiheitsberaubung und alle anderen Beschwerde.
Jetzt bleibt mir, bevor eine längere Strafverfolgung dieses Richters verjähren nur noch über, möglichst viele in dieser Bevölkerung von diesem Vorgang in Kenntnis zu setzen. *Es soll mir später keiner nachsagen können: Ich hätte nichts dagegen getan, dass solche Vorkommnisse – wie sie wohl im dritten Reich und anderen Ländern Gang und Gebe waren, ja sind, an die Öffentlichkeit zu bringen.*
Was im dritten Reich an der Tagesordnung war, darf – eigentlich – nicht wiederkommen, doch.........

Ich erwarte keine Antwort, da bisher selbst betroffene Kreise und Medien keine Antwort gaben. Gerne aber stelle ich den kompletten Schriftverkehr als Anschauungsmaterial im Unterricht, für Dr.-Arbeiten oder oddgl. zur Verfügung. Doch auch dafür wird sich keiner melden, denn wer schon tritt gegen seinen (?) eigenen Staat an?

Anlagen: Anzeige gegen den Richter (gekürzt); Verlauf d. Anz. f. d. Europ. Gerichtshof; Schutzbund

179

Das letzte Schreiben von dort beruhte nur auf §§, die angeblich eine Weiterverfolgung des Falls nicht ermöglichten – genau *SO* wie bei allen Behörden in Deutschland auch, selbst, wo, wie geschrieben steht der *§93* und *§93a,* (ein grundgesetzwidriger, selbstgebastelter §) *eine Weiterverfolgung der/einer Anzeige, das Ende aufzeigt.*

Das ist eben deutsches Recht.

Dass in diesen Schreiben der Hinweis stand, dass weitere Schreiben und Eingaben nicht mehr beantwortet werden, sei nur, zur weiteren Aufklärung genannt!

Dass man hierfür allerdings Jahre benötigte, bestätigt doch die Vermutung, dass man die Sache und das Vergehen erkannt hat, nicht aber wusste, was man darauf, als plausible Antwort – einem Dummen (?)– zu schreiben hatte.

Dazu ein Auszug aus einer Schrift über die Entstehung und Fortführung des deutschen Rechts.

Hätte man ..., konnte man; nach Durchlesen der Eingangsschrift, das Ablehnungsschreiben direkt verfassen können!

Wie kann, wie *SO*ll es eine Menschheit geben können, wenn selbst die höchsten Rechtsorgane eines Landes Unrecht verbreiten(!?), weil sie nur Lakaien der Regierungen sind.

> *Den Glauben an eine Zukunft, eine gerechtere Zukunft, macht man   SO doch nur kaputt!*

Der europäische Gerichtshof für Menschenrechte hat hiermit den Beweis geliefert, dass auch er nicht dafür da ist, das Menschenrecht zu vertreten und dem Einzelnen zum Recht zu verhelfen, *SO*ndern stellt sich damit auf die fragwürdige, niedrige Stufe der Bundesrepublik Deutschland –

> *Gesetze verachtend und Menschenrechte ignorierend!*

Frage: Wofür braucht man dann einen *SO*lchen Moloch, der Milliarden von Geld verschlingt, aber ohne Wirkung ist?!

Das Ganze ist der Beleg dafür, dass auf allen Ebenen der Menschheit, das Verhältnis von Lüge und Wahrheit, von Reich und Arm, auf jeden Fall beibehalten werden *SO*ll - *muss.*

Die Menschheit ist **SO,** weil der, der einst an der Spitze der kleinsten Einheit von Menschen dies weder gesehen noch erahnen konnte, und alle anderen die nachfolgten, haben dieses Verhalten übernommen und gefördert.

sollten Sie einmal nach dem wirklichen Grund dieser Möglichkeiten forschen.
Dazu muss man an den Anfang dieser "Demokratie" gehen.
Das braune Reich ging zu Ende. Es kam eine neue Regierung an die Macht. Diese Partei, in der noch etliche aus der vorherigen Regierung dabei waren, der Rest, die Spielregeln dieser Vorgänger-Regierung kannten, über nahmen z. T. einige §§ ganz und andere in abgeänderter Form - dies sind die Artikel der Verfassung, so wie wir sie heute noch haben, aber immer mit dem Ziel der Ungleichheit.
Um aber alle Schmutzigkeiten die wir heute haben, weiter betreiben zu können, mussten ergänzende, zum Teil den Artikeln des Grundgesetzes widersprechende §§ geschaffen werden - und sie wurden es!
Wie kann es sei, dass das, was Abgeordnete tun und machen, sie dafür nicht verantwortlich sind - sie sind ja immun! So braucht keiner von ihnen, in welchem Fall auch immer, die Wahrheit sagen, das Wohl der Partei und das eigene Ansehen, steht oben an! Wer die Ansicht vertritt: Die Politik verkauft die Wähler alle für dumm, liegt wohl nicht ganz falsch.
Wie kann es sein, das Richter ein Urteil sprechen, der "Staat" es aber aufhebt, ändert.
    Dazu fällt nur das "Vorbild" Berlusconi/Italien ein!
Steht also der Staat, der §§ und Richter eingesetzt hat über den Gesetzen, den Richtern? Sind sie nur Ausführungsgehilfen, die man im Falle, das Urteil passt einer Regierung nicht, korrigieren kann?!
Oder; wie sonst kann es sein, das so etwas auch in Deutschland möglich ist. Da sind Puttin, Erdogan und die anderen, doch nicht viel anders.
Und, wer schon weiß, das Juristen, wie z. B. Staatsanwälte und Richter, selbst wenn sie **Straftaten** begehen und Recht beugen, ungeschoren davon kommen, weil sie durch den Staat, die ergänzenden, widersprüchlichen Gesetze, gedeckt werden?!
    Das Volk bestimmt - aber was: Aber weiß das Volk über diese Vorgänge überhaupt Bescheid;(?!) wo doch viele so tun, als seien alle solche Vorgänge etwas Unbekanntes.
    Fragen Sie sich: Sind wir Deutsche besser als andere, eine wirkliche Demokratie, ein Rechtsstaat etwa?!

Mail:

CONSEIL DEL EUROPE

F 67075 STRASBOURG CEDEX

Ihr Schreiben vom 22.02.12 zu
Beschwerde Nr.

Sehr geehrte Damen und Herren!

Für ihre jetzt kurzfristige Bearbeitung und Antwort auf meine Beschwerde (Anzeige) zunächst meinen Dank.

Eigentlich hatte ich gehofft, dass meine Beschwerde (Anzeige) beim Gericht für Menschenrechte in Europa landet – doch wie es scheint, ist dies nicht so.
Aus Ihrem Antwortschreiben gehen viele Tatsachen hervor die mir lange schon bewusst waren denn **eine solche Antwort wie Ihre hätte nicht Jahre bedurft, um geschrieben zu werden.**

Doch Sie haben Recht: Wie schon soll man jemandem klarmachen, „der einen kleinen Jungen bei etwas erwischt, was er nicht tun darf, anders gesagt: **einen Richter erwischt der Straftaten begeht und alles bricht was eine Demokratie ja einen Rechtsstaat ausmachen (sollte)".**

Schon alle zuvor erhaltenen **Antwortschreiben der mit dieser Sache befassten Behörden hatten den gleichen Stiel einer verzweifelten Suche nach einer plausiblen Ausrede** – bei dem einen war's der § 93 usw. und bei Ihnen sind es die §§ (Artikel) 24, 35 und 52A - doch sie sind, legt man strenge Regeln an wie bei einem Richter , Gericht, oddgl. sicher von Nöten, **einfach nicht zu finden.**

Ihr Schreiben **offenbart entweder die Unfähigkeit, Überflüssigkeit ihrer Behörde oder, dass alle ihre Beamten dem gleichen Standes„recht" unterliegen wie alle Deutschen Kollegen** diesem Recht unterliegen – ob gewollt oder zwangsweise spielt dabei keine Rolle! Jeder der in einer solchen Behörde arbeitet, arbeitet dort schließlich freiwillig – bricht also bewusst Recht und Gesetz – ist also in diesem Sinne ein Straf/täter oder wie sonst wollen Sie dies bezeichnen. Das Grund- und Menschenrechte vor „IHREN" Ausrederechten geht (§§), dürfte auch Ihnen klar sein.

Das alle meine Annahmen in und zu diesem Fall bisher stimmten, ist einfach **nur traurig und für mich zerstörend.** Jeder von Ihnen der an diesem Fall Verantwortung trägt, ist an meinem schlechten Gesundheitszustand mit verantwortlich und ebenso an meinem vorzeitigen Lebensende!
Wann immer Ihnen dies bewusst wird, Sie müssen, weil gewollt, damit leben ein M.... zu sein – und das trifft sicher nicht nur in meinem Fall zu.

Lassen Sie mich zum Schluss noch sagen – auch wenn dies kam einen Betroffenen stört – dieser Fall ist für die menschliche Ewigkeit festgeschrieben und kann von Jedermann nachgelesen werden.

Wir wissen, **SO**lche Worte können da oben niemanden erregen oder gar aus der Ruhe bringen, denn sie alle sind irgendwie gegen **SO**lche Worte immun – abgebrüht.

Auch eine Institution wie der EuGH, dazu für Menschenrechte, stellt, sieht Menschenrechte noch lange nicht als oberstes Ziel an.

Sie alle unterliegen dem „Charme" (?) ihres Brötchengebers und der ist, ihrem wirklichem Auftrag, ihrer Arbeit, in keiner Weise gewachsen.

Sie sind in Wirklichkeit nicht mehr als die, die einst einem Mann nachliefen, der sich A…f nannte.

Vor 40 Jahren

Der Autor sieht zurück auf den Beginn seines Leben, auf die letzten fünfzig Jahre, wo er aufgrund von Erfahrenem, Erlebtem und Erkannten, auch aus seinem Beruf, anfing, sich über die Zusammenhänge der Menschen-Leben noch mehr Gedanken zu machen, und in die weitere Zukunft zu sehen.

Er fing an, diese niederzuschreiben.

Ein Ergebnis daraus ist das Buch, das mit der Titelseite nachstehend abgebildet ist. In diesem Buch können Sie vieles lesen, was heute Wirklichkeit geworden ist – leider.

Das Buch, wie sich erst im Nachhinein feststellte, wurde von einem „Verlag" verlegt und herausgebracht, der den Namen, ein Verlag zu sein, nicht tragen dürfte!

Ein großer Verlag hatte zuvor mit dem Kommentar abgelehnt:

> *„Wir wären an dem Buch interessiert, wenn Sie eine Persönlichkeit aus Wissenschaft oder Politik wären!"*

Ein „einfacher Mensch" darf **SO** und **SO** etwas nicht denken, schreiben – können!

Da dieses und der Inhalt des Buches der Zeit weit voraus war, war dessen Erfolg kaum zu erwarten.

Red Stone

Totengräber der Demokratie

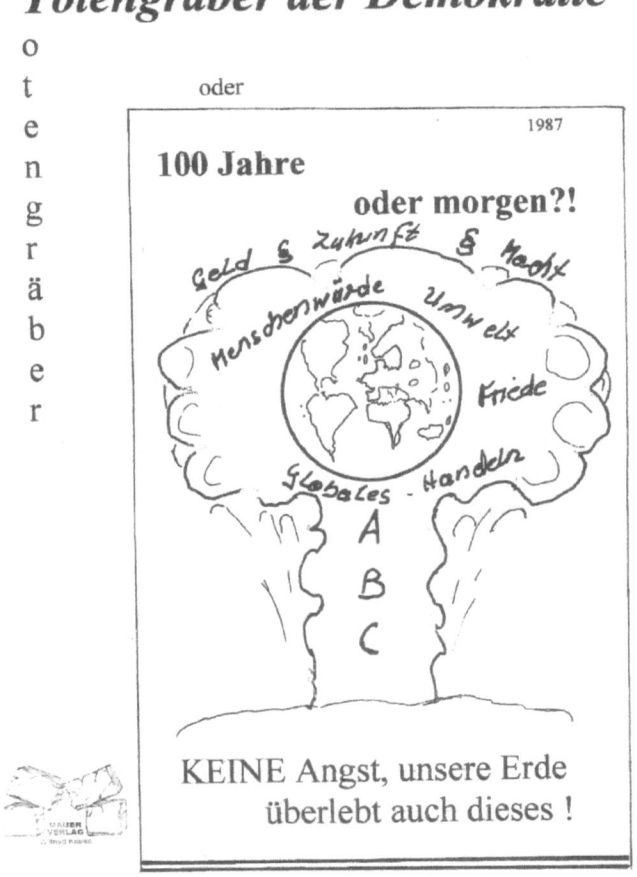

Man schlafe weiter wie bisher, eine Politik, die ins Aus führt!

Doch ein Teil dessen Inhalts gibt genau die Ereignisse und Geschehen wieder, die die Menschheit heute hat und noch haben wird!!

184

Es war einfach nur vorauszusehen, dass alle Regierungssysteme für eine gerechtere Zukunft der Menschen falsch sind und diese anprangert!

Was aber auch „das" Buch nicht voraussah, weil es eigentlich nicht zu glauben ist, dass ausgerechnet eine das „C" vertretende Kanzlerin ihre eigene Partei, das ganze deutsche Volk verrät, steht nicht darin geschrieben.

Eine Person, die sich **SO** verhält wie jene, die den Ausspruch als Erste tat;

„Wir schaffen das."

Da darf man sich nicht wundern, wenn viele sagen, *hat die noch alle ... im Sch...* , oder viele dieser netten Sprüche mehr.

Wobei … im Schr…, wird sie sie schon noch haben, und den Glauben, einmal vom Artikel **GG 14**, Abs. 2 Gebrauch machen zu können, der da lautet,

Eigentum verpflichtet. Sein Gebrauch soll zugleich dem Wohle der Allgemeinheit dienen.

„Der" hat ihr aber sicher schon gefehlt – ist ihr nie in den Sinn gekommen, denn **SO** naiv und dumm darf sie einfach nicht sein.

Jetzt hat das deutsche Volk – nicht, **SO**ndern nur die, die für diesen Staat zahlen, dieses, was dadurch noch kommen wird und muss, zu erbringen.

Dass das, was Deutschland einmal war, sich mehr als nur verändern wird, pfeifen die Spatzen inzwischen von allen Dächern.

Wer **SO**lch dummes Gerede von sich gibt, darf nicht den Posten eines Verantwortlichen besetzen und ist schnellsten zu entfernen!

Wir schaffen das.

Wer eine **SO**lche Einladung für alle und jeden ohne jede Verantwortung von sich gibt, nicht dafür vor**SO**rgt – im Vorhinein – dass ein Vorgang wie dieser ordnungsgemäß abgewickelt wird – in unserem **SO** alles „voraussehenden" Staat, muss mit schlimmen Folgen rechnen – vergeudet Staatsgelder ohnegleichen und Gefühle und Hoffnungen der Betroffenen, die sich nie erfüllen werden – können!

Flüchtlinge, Kriegsflüchtlinge die wirklich SOlche sind, darüber bedarf es keiner Diskussion, sie haben und hat man wie SOlche auch zu behandeln.

Wer die Länder verstehen will, die Flüchtlinge aufnehmen SOllen und die anderen Flüchtlinge versucht zu verstehen, der frage sich einmal; wer schon will in ein Land, das selbst am Hungertuch nagt –keiner.
   Und die gemeinten, die abwehrenden Länder, wie z. B. Polen und …, wie SOllen, wie können und kann man deren Religion, mit denen der Moslime unter einen Hut bringen?!
   Es fällt nur dummen Politikern ein, jetzt von gerechter Verteilung, von Reduzierung der Anzahl derer zu sprechen und all den weiteren undurchdachten Reden über diese Flüchtlingsmassen.
   Alle auf die, die dieser Gemeinschaft angehörenden Staaten, „gerecht“ zu verteilen, wäre schön und richtig. Doch dazu müssten auch in allen diesen Staaten die gleichen Lebensbedingungen herrschen wie in Deutschland, aber …!

Beide Bücher berufen sich und bewerten ein und dasselbe, den Reichtum und die Armut durch Staat und Kirche, durch Glaube?!, Gerechtigkeit und Gleichheit. Aber, SO darf man davon ausgehen, ist dieses gewollt.
   Ja bliebe noch, was keiner ahnen konnte, aber als Gedankenspiel schon vorhanden war.
   Wer schon hätte wirklich daran geglaubt, dass, wie eine Institution jetzt herausfand, gerade einmal:

> 62 der reichsten Menschen besitzen SO viel wie die Hälfte der armen Weltbevölkerung

Dass SO etwas möglich ist, das kann es nur in Nicht-Demokratien geben.
   In Gesellschaften, wo abartige Rechtsverhältnisse und –ansichten herrschen.
   Und es gibt noch etwas, etwas fast Erfreuliches?!
   Die Erde hat einen neuen Papst bekommen, sein Name: Franziskus.

Dieser vertritt Ansichten und verbreitet sie auch, die zum Teil sehr konträr zu dem sind, was über Jahrhunderte von seinen Vorgängern vorgelebt wurde.

Dass er sich damit nicht nur Freunde schafft, ist eigentlich voraussehbar gewesen, denn es stellt zu vieles und zu viele auf den Kopf!
Trotzdem lebt er seinen Untertanen und Glaubensbrüdern ein bescheidenes Leben vor!

Ist noch was: Was Erfreuliches – oder was Negatives!

Da hat die Kanzlerin der Welt offenbart mit ihrem Ausspruch
„Wir schaffen das", dass alle ohne Ausnahme zu uns nach Deutschland kommen können – wer wolle.
Eine Unwahrheit **SO**ndergleichen – das geht einfach nicht.

Und die Rückantwort ließ nicht lange auf sich warten.
Beim Europäischen Gerichtshof für Menschenrechte wäre die Klage fast (mit Hängen und Würgen) durchgekommen, doch man besann sich eines Schlechteren – lehnte die Klage ab.
Beim Internationalem Gerichtshof für Menschenrecht aber sah man die Klage genau so, wie sie war: Verstoß gegen Menschenrechte, Menschenwürde und Völkerrecht.
Die Klage reichten Tausende, die Deutschland wieder verlassen hatten ein, weil sie nicht das bekamen, was sie hier erwarten –glaubten, konnten.
Die Strafe braucht nicht weiter kommentiert zu werden.

Nur eine Aussage eines Asylsuchenden von vor seiner Rückkehr nach zu Hause:
„Ich fahr zurück, weil ich hier seit vielen Monaten auf meinen Antrag auf Asyl warte und bisher nur in Zelten oder Containern leben musste. Dabei habe ich geglaubt, hier wird mir gleich ein Auto, Haus und … zur Verfügung gestellt." *Sehr naiv!*
„Wir schaffen das": Die Dame meint: SIE schaffen das (es), dass sie Deutschland, **SO** wie es einmal war und noch z. T. ist, ohne Mühen „verkaufen" werden.

Zunächst sah es **SO** aus, als würden die Chinesen eines Tages Deutschland übernehmen! Die Wirtschaft sicher, aber:

Es ist seit einigen Jahren offensichtlich, dass die Türkei Deutschland unterwandert und möglichst kurzfristig übernehmen möchte – will.

Und unsere verantwortungslosen Staatsdiener sind offensichtlich sehbehindert und geistig nicht ganz wach, um dies zu erkennen – warum auch – sie leben ja bis dahin in völliger Zufriedenheit im Wohlstand! Lassen dieses stolze (?) Deutschland sang- und klanglos den Türken, Moslimen in die Hände fallen, ja tun noch ihr Möglichstes dazu. Dass es schneller dazu kommt!

Burka hin und deutsches Recht her: Wer Religionsfreiheit mit Verschleierung gleichsetzt, der hat mit den Folgen, die dadurch entstehen werden, nur sehr wenig Ahnung, sein Gehirn scheint in einer anderen Welt zu leben.

*Deutschland: **SO** wie es scheint, ist es ein Auslauf- Modell!!*

SO – werden sich der Traum, die Gedankenspiele des Autors nie erfüllen.
„Eine einzige Menschheit auf einem Globus in Frieden und Einigkeit lebend und alle Menschen Mensch sein lassen!

Bis zu ihrem, von ihr provoziertem Untergang.
Wann dieser ist, ist völlig offen, aber lange kann es nicht mehr dauern!

Allein die Wetterkapriolen zeigen es uns zu genau!

Einzige Tatsache, die bleibt: Es ist seit Jahrzehnten voraussehbar gewesen, dass bei dieser Politik, der Gerechtigkeit und Gleichheit in den einzelnen Staaten es zu schlimmen Aufständen, Revolten und anderen negativen Ereignissen und Geschehen kommen muss, dazu trägt die Geld bringende IT-Technik vorrangig mit bei – die keiner mehr bremsen kann und in Wirklichkeit auch nicht bremsen will!

Dieser Menschheit wird von oben her verordnet, Spiel und Spaß, das sieht man auch z. T – an der Musik. War und hatte man früher Lieder, die von Liebe, Leid, Glück und Trauer waren, sangen. Die manch einem richtig ins Herz gingen, **SO** ist dies heute eine emotionslose BUM, BUM, träteräterä, Bum, Bum, Geplärre ohne jegliche Gefühlsregung.

Doch, man sehe sich diese Nutznießer einmal genauer an: es ist wie beim Fußball, Massen ohne Hi … laufen dieser Verblödung einfach nur nach.

Auch ein Zeichen dafür, dass die Allgemeinheit Geist nicht mehr benötigt für eine sichere Zukunft – man zieht wie früher singend in die Schlacht und heute in das Aus der Menschheit.

Denken: Eine Kundin sagte mir:

„Mit **SO**lchen Gedanken befasse ich mich nicht, sie stören nur meine Lebensweise!"

Das ist der Glaube (?) an das Geld, gesteuert von der Macht – den Reichen!

Und nachstehend ein Auszug aus diesem Buch, das im Vorwort mit eingebunden steht.

Zunächst eine kurze Zusammenfassung aus diesem Buch, eingebunden in ein Vorwort (Blatt)

Erkenntnisse

Erkenntnisse: Jänner 2015   Autor: Ben Huu Chiey

Liebe/r …; liebe Leserin, lieber Leser!

Diese Dokumentation entstand nach umfangreichen, jahrelangen Recherchen, die gewissenhaft selektiert wurden, bevor sie niedergeschrieben wurden!

***

189

Lesen Sie dazu das Buch **Jenseits von Demokratie und Recht(s)taat,** *Untertitel* **Geheimcode Rechtsstaat: Der größte Straftäter – Dein Staat!?**

***

Sie alle, die deutsche Staatsbürger sind oder in Deutschland leben, **denken doch,** dass Sie **in einer Demokratie und einem Rechtsstaat leben!** Denn von einem *Scharfrichter* und *Straffreiheit für Straftäter* **ist im Deutschen Grundgesetz nichts zu lesen.**

Aber haben Sie sich schon einmal Gedanken gemacht, ob das auch stimmt, ob dieser Staat wirklich diese Werte für sich in Anspruch nehmen kann – darf?!

Er, dieser Staat, müsste eigentlich wissen, was Demokratie und Rechtsstaat ist – und Sie?

Als Jurist oder …, ihm sollten diese Begriffe vollkommen klar sein, was man von einem normalen Bürger nicht unbedingt erwarten darf, dazu ist die Materie doch sehr komplex.

Er muss sich **auf das GG dieses Staates verlassen können!**

Dies kann er aber nicht, zumindest nicht im vollen Umfang. **Denn nicht der Rechtsstaat hat das letzte Wort, nein, es ist die Demokratie, die das letzte Wort hat, auch in der Rechtsprechung!**

Damit es aber nicht so auffällt, dass es so ist, dafür hat er sich **vom GG abweichende, widersprechende Gesetze zugelegt, die diese Unregelmäßigkeiten (Verfehlungen) verdecken – sollen.**

Er hat §§ geschaffen, die jeden §§ und sogar das GG zunichtemacht, und Straftäter, die solche Personen, Beamte/Innen geworden sind, von jeglicher Bestrafung freistellt!

Dies ist absolut <u>menschenverachtend und menschenunwürdig</u> – gehört in eine Diktatur!

Denn *ein Straftäter bleibt nun mal ein Straftäter!*

Wer als **Richter eine Güteverhandlung führt wie ein <u>Scharfrichter</u> und <u>alle Gesetze und Richtlinien missachtet, auf die er einen Eid geschworen hat, darf ohne Zweifel nicht für und in einem</u>**

Rechtsstaat tätig sein und müsste genauso bestraft werden wie jeder andere auch.

Ja um solchen Verfehlungen (Schweinereien) vorausschauend vorzubeugen, müssten hier begangene Strafen noch viel härter bestraft werden. Doch **diese Demokratie, belohnt solche Straftäter noch mit lebenslangem, vollem Bezug ihre Bezüge!**

Dass dieses alles möglich ist, dafür standen bei der Verfassungsgrundlegung die Erfahrungen aus der BRAUNEN ZEIT. (siehe Originalbuch, im Zweifelsfall suchen Sie Entsprechendes im Internet!)

Sie, lieber/In Leser, wollen diese Zeilen nicht glauben? Dann lesen Sie bitte den nachfolgenden Auszug aus meinem nächsten Buch.

Msk .Nr. 6 Kurze Buchbeschreibung   Autor: Ben Huu
                                                                        Chiey3-2013/ 15

Geheimcode Rechtsstaat: *Der größte Straftäter – Dein Staat?!*
Hier macht der Autor vom Artikel 5 GG Gebrauch, der Redefreiheit garantiert!

Das Buch schildert einen **wahren** Fall, die Strafsache, zu der sie geworden ist, die durch einen neuen Nachbarn (?), der seinen Willen nicht bekam und daraufhin einen Rechtsstreit mit seinem ehemaligen Schulfreund und Nachbarjungen, der RA geworden ist, vom Zaun brach.

Doch der eigentliche Fall wurde erst durch den Richter erzeugt, der eine einfach zu lösende Sache durch sein gesetzeswidriges Verhalten in Form eines Scharfrichters, zu diesem Fall werden ließ! Und dieses soll der Nachwelt hiermit erhalten bleiben!!

Das Nachbargrundstück wurde von den Erben verkauft, und der neue Nachbar wollte, baute darauf, mit einem Freund, ein Doppelhaus mit nebenstehenden Garagen. Da das Grundstück gerade so groß war, dass alle diese Gebäude es von der einen bis zur anderen Grenze ausfüllte, wollte der an unserer Grenze anstoßende Nachbar eine übergroße Garage bauen, für die er von uns eine Genehmigung benötigte.

*Sie fanden einen Richter, <u>der aus einer **Güteverhandlung einen Scharfrichterprozess machte,** und der sein mitgebrachtes Urteil – **wie in einer Diktatur, im Braunen Reich, durchführte.**</u> Von dem, was er*

als Richter in der BRD, aufgrund seines geschworenen Eids, hätte tun müssen, war nichts, aber auch gar nichts zu sehen oder zu hören – <u>er missachtete einfach alles, was einem unbescholtenen Bürger das deutsche Recht an Recht und Rechten garantiert.</u>
_ Machte aus seinem Eid eine Farce wie ebenso aus allen gültigen Gesetzen und scheute auch vor Erpressung (Nötigung) nicht zurück, <u>wurde somit zum Straftäter.</u>

Das Urteil vom ihm sah dementsprechend aus, bedarf eigentlich keines Beleges, und doch, dieser Richter schrieb sein Urteil auch so, wie seine Verhandlung war, **fälschte auch das Protokoll des Verhandlungsablaufs** – er ist also ein Urkundenfälscher, ein **Straftäter!**

§ GVG 21 e Gerichtsverfassungsgesetz;
§ 839 Abs. 1 Amtshaftungsanspruch BGB
§ 348 Falschbeurkundung StGB
u.v.m.

Eine weitere, Urkundenfälschung, genannt Straftat, die auch dem Staat, der davon Kenntnis erhielt, zur Last gelegt wird, wie eigentlich alles, da er derjenige ist, der Gesetze und Verordnungen macht und verabschiedet. Auch solche, die gegen das Grundgesetz verstoßen!

Einen Rechtsanwalt zu finden, der gegen diese Verfehlungen des Richters vorging, war nicht zu möglich. Stattdessen sagte uns einer, der Strafsachen vertritt und außerhalb unseres eigentlichen Bezirkes wohnt:

„Das wundert mich bei Dr. Kön…überhaupt nicht, der macht, was er will, wenn er kann, und in der Auslegung hat er auch so seine eigenen Methoden" *und weiter:*
„Auch das Amtsgericht NO. legt ohnehin alles ein wenig anders aus".

*Das also heißt für jemand der nachdenkt: Wenn schon ein **außerhalb tätiger RA** davon weiß, dann müssen es auch die im **eigentlichen Bundesland** zuständigen oberen Behörden wissen.*

> *Und nach gültigem Recht und deren §§ hätten sie schon lange **dagegen einschreiten müssen** – **wenn sie nicht selbst zu Mittätern, gar Straftätern werden wollten.***

Für den Schadensersatz, der erforderlich wurde, weil alle Säulenwacholder beseitigt und weitere Schäden verursacht wurden, aber freiwillig kein Ersatz geleistet wurde, war ein zweiter Prozess erforderlich, den die Gegenseite klar verlor.

> **Ein anderer Richter sagte mir:**
> *„Das wäre nicht nötig gewesen, hätte man **Bestandsschutz** und **Bauen nach Stand der Technik** berücksichtigt"!*

Also versuchte ich es mit der Einreichung einer **Anzeige gegen den Richter**, wie er seine Güteverhandlung führte, um zu diesem Fehlurteil zu kommen, denn <u>§ 34 GG und weitere garantieren in solchen Fällen und ..., dass die Verantwortung dafür beim Staat liegt.</u>
Ich ging, auf Erfahrungen gestützt, den Weg, den man gehen muss, wenn man beim EuGH landet wird.

Die Anzeige durchlief alle auf dem Weg zum *Europäischen Gerichtshof für Menschenrechte* notwendigen Behörden in Deutschland – *und endete auch dort,* – mit der bitteren Erkenntnis, …

… dass Deutschland – und sicher auch andere Staaten – **kein Rechtsstaat ist, der es angeblich sein will!**

Die im Internet gefundenen Seiten mit dessen Inhalt **bestätigen, leider, den Verdacht, dass solches Unrecht durch diesen Staat geschützt, ja, gewollt ist!**
Diese sogenannte Demokratie ist es, die Gesetze beschließt und verabschiedet, sie also zu gültigem (?) Recht macht.

Da sind Gesetze, die man nachfolgend verabschiedet und die dazu <u>noch gegen die Grundgesetze verstoßen, doch ganz klar gesetzeswidrig!</u>

Und nicht die Justiz hat das Sagen, was geschieht, nein, es ist alleine das, was sich Demokratie nennt!

***

Hier soll klar festgehalten werden, dass keine der an diesem Fall beteiligte Behörde auch nur den geringsten Versuch unternommen hat, zu einer Klärung beizutragen – im Gegenteil, alle haben an der Verschleierung ihren Beitrag geleistet.
Sind dadurch zu Mittätern geworden.
Das hat mit einer Demokratie, einem Rechtsstaat nichts mehr zu tun!

***

Lesen Sie nachfolgend die notwendig gewordene Zusammenfassung aller Behörden, die für das EuGH-Verfahren erforderlich waren!

Diese Seite fehlt bewusst, da sie im Buch
„Jenseits von Demokatie und Rechts(s)taat
zu lesen ist.

Lesen Sie anhand von Kopien den Ablauf dieses Verfahrens, das sich von 2004 bis 2012 hinzog, in allen Phasen, mit allen erforderlichen Beweisen – und, bilden Sie sich ihr eigenes Urteil!

Das Urteil; **Geheimcode Rechtsstaat: Der größte Straftäter – Dein Staat!**

Mit vielen für den Staat beschämenden, vernichtenden Erkenntnissen und Tatsachen, die den Staat eindeutig als **größten Straftäter** darstellen – ersichtlich machen.

Ein Staat, der nach Ausreden sucht und ringt, um alle Schuld von sich weisen zu können. Doch der gefundene: **Geheimcode Rechtsstaat.** … widerlegt alle diese Versuche, wenn man den **Geheimcode** findet – zeigt noch viel Schlimmeres!

Die im Internet gefundenen Seiten über die Strafbarkeit zu diesem, solchen Fällen, stellen klar heraus, dass es einen **Geheimcode Rechtsstaat: … gibt!**
<u>Aus ihm geht vieles für nicht möglich Gehaltene klar erklärbar hervor!</u>

*Nachstehend ein <u>Auszug</u> aus einem im Internet gefundenen **Bericht zum Geheimcode**:*

… unterliegenden Richter, Staatsanwälte und Rechtsanwälte unterwerfen sich daher freiwillig dem Prinzip der Rechtsbeugung und des Parteienverrates bei „bedenklichen Handlungen" von Kollegen.

---

*Somit sind nachweislich alle in der BRD beruflich zugelassenen Juristen für eine **rechtsstaatkonforme Gesetzgebung und Rechtsprechung** <u>ungeeignet!</u>*

*Dies bedeutet, auf den unsrigen Fall bezogen; **dass jede von mir angeschriebene „Behörde" diesen <u>Scharfrichter</u>, diesen <u>Straftäter</u> schützen muss!***

So und nicht anders haben sich auch alle Behörden mit ihrem Verhalten und Schreiben zu meiner Anzeige verhalten! <u>Sind Mittäter geworden!</u>
Haben vom GG Grundgesetz nichts gewusst?!
Kennen nicht die verbrieften Rechte eines jeden Bürgers auf Anhörung, in einem solch schwerwiegenden gegen das Grundgesetz verstoßenden Fall!

Doch dieses ist nur ein einziger Fall von jährlich vielen Tausenden, die auf das Konto dieses Staates gehen, und es ist absolut unwichtig, wie groß die Verantwortung oder Beteiligung an Straftaten durch den Staat zu verantworten sind.
  Er ganz alleine kann Unregelmäßigkeiten beseitigen oder gar, wie in diesem, solchen Fällen, solche Geheimcodes oder Ähnliches erst gar

nicht in oder als gültiges Recht (Gesetz), das zudem noch gegen das GG verstößt, in die Verfassung aufnehmen!

Das Buch, der Tatsachenbericht, zeigt einen Staat, der aus einem Willkürstaat geboren ist!
    Einen Staat, der sich gefallen lassen muss, der größte Straftäter zu sein!

Deutschland, Deutschland üb... (...)!?

!! Bitte denken Sie daran: Schon morgen kann Ihnen Gleiches passieren, wenn Sie zu den Normalmenschen gehören!!

Um das Buch **mit allem, was sich mit und um diesen noch heute jederzeit zu beweisenden Fall handelt, überprüfen zu können, ist dies jederzeit möglich.**

    Wählen Sie bitte mail: el...@t-online.de
    Nachstehend aus dem Buch

Nicht nur Erinnerungen

Mir war seit vielen Jahren klar und bewusst, dass ich, wie die meisten anderen auch, als ganz kleines Licht in diesem Staat gehandelt werde und mit diesem Buch auch nur wenige ansprechen werde. Denn, was schon zählt der KLEINE Bürger bei denen da oben als Wahrnehmbarer. Er ist für diese Sorte von Lebewesen doch nur ein Teil, das sie für ihren Wohlstand benötigen – mehr nicht.
    Und, erfahrungsgemäß wird so einer nach allen Künsten und Regeln, erbarmungslos niedergemacht.
    Dass man damit gegen die gültige Verfassung verstößt, will man nicht einsehen und wahrhaben!

197

Was konnte ich jetzt noch tun, als zu warten, bis wieder ein Jahr verging.

Es waren und sind zwei Dinge, mit denen ich leben muss bis (…) und beide haben mit oder sind durch diesen Staat entstanden.

Ich war als nicht ganz kleines „Licht", ganz vorne bei der Einführung, im Bereich der NEUEN-ENERGIE-TECHNIKEN tätig und selbstständig. Arbeitete für eine solche Firma. Da gab es Wochen, an denen ich an 7 Tagen auf meine 100 Std kam. Denn diese Arbeit machte mir Spaß und befriedigte mich, auch meine Kräfte spielten mit.

Für meinen Ruhestand war so bestens gesorgt. Bis eines Tages das Aus kam. Diese Firma, und mein Beruf, für die ich fast alles gegeben hatte, ging in Konkurs.

Bis dato hatte ich aber schon aus 2 Töpfen Rechtstitel erworben, die zur Auszahlung anstanden. Jetzt durfte ich, so mein Anwalt, mir diese und aus 3 weiteren Töpfen den eventuellen, dann zur Auszahlung aus der Konkursmasse kommenden Betrag erneut einklagen. Und das, so seine Aussagen weiter, werde, nach Erfahrung bei 3 bis 5% liegen.

In Zahlen gesagt, müsste ich mit 80` bis 100.000 DM an Kosten rechnen, um dann eine Summe von 15` bis 20.000 DM zurückzubekommen.

Meine Alterssicherung war also dahin.

So ist eben deutsches Recht!

Dieser „Zahn" nagte also ständig in mir, bis ich eines Tages an einem Infarkt vorbeischrammte. Der Arzt, der den Eingriff vollzogen hatte, sagte mir danach: „Mit Ihrem Herzen können Sie 120 Jahre werden".

Aber der Verlust, die Tatsache, dass ich trotz harter Arbeit eine Zukunft in Armut verbringen muss, belastet mich jeden Tag und jede Nacht.

Dann kam der Tag mit diesem fürchterlichen Geschehen vor diesem **Scharfrichter in NO…** und meine anschließenden Erfahrungen dadurch. Denn bis heute steht für mich fest, **Recht und Gerechtigkeit gibt es in diesem Land nur für einige wenige,** und wie zuvor geschrieben steht und TV Phönix berichtete, **in Wirklichkeit, bei**

Erstellung der Verfassung, auch nicht vorgesehen werden sollte - ist.

Daran hat sich bis heute nichts geändert, obwohl man diese Fehler, wollte man eine homogene und gerechtere Gesellschaft sein, vielleicht eine Demokratie, in der das Volk bestimmt – die Mehrheit also – **längst hätte ändern müssen!**

Und, der Hauptsatz in einem Urteil, die Aussage die da lautet:

„Im Namen des Volkes"

... ist eine genauso **verwerfliche Aussage, ja Behauptung**, wie das bisher **in dieser Sache Abgelaufene!**

Deshalb sind **alle bisherigen Regierungen, auch die jetzige, an diesen menschenverachtenden Gesetzen,** ihrer Auslegung und den Zusatzgesetzen, sowie deren Politik, **verantwortlich.** Ganz gleich ob Kanzler/IN oder Bundespräsident, sie alle stehen für mich als – **eindeutige Straftäter da!**

Sie und alle anderen da OBEN werben in aller Welt für Demokratie und Recht/s/staat und wollen, angeblich, **die Wahrheit in ihrem eigenen Land nicht wissen, nicht kennen!**

Das nennt man Heuchelei! – Lüge.

Da gilt der Ausspruch „Unwissenheit schützt vor Strafe nicht". Doch unwissend dürfte von denen niemand sein.

Verfolgt und erforscht man die Handlungen einiger (etlicher) Staatsangestellter auf deren Verhalten, kann man die Aussagen von so manchem verstehen, der da sagt:

„Die sind nicht nur immun, nein, das sind fast alles Kriminelle".

Denn auf ehrliche Art und Weise ist noch niemand reich geworden.

Und noch etwas sagen viele aus den Unterschichten:

„Alle mit einem Einkommen von mehr als 5.000 € p/Mo., liegen in der Nähe eines Kriminellen".

Von einem Einig Volk kann da keine Rede sein!

Jetzt lebe ich also mit diesen beiden (großen) Erinnerungen täglich weiter – die ständig an mir weiter nagen.

Mit einer Rente, von der mir nach Abzug der Krankenkassen-Beiträge so viel bleibt, wie ein Hartz-IV-Empfänger hat.
(Wie sehr, lesen Sie bitte das nächste Schreiben an den EuGH.)

Es war und es bleibt – SO

Wer's nicht mitbekommen hat und glaubt, wir leben in einer menschenfreundlichen, gerechten Welt (Erde), der muss ein großer Naiver sein oder zu den Wohlhabend/er/en/, Reichen zählen.

Zumindest aber versteht er vom allgemeinen Leben sehr wenig!

Wie schon geschrieben steht und zu lesen ist, ist die Menschheit bis heut so dumm geblieben wie am Anfang ihres Daseins. Zwar hat sie in vielerlei Hinsicht dazugelernt, doch fast alles trägt nur zu ihrem vorzeitigen Ende bei.

Wer meint, er wähle eine, die richtige Partei für sich, und macht sein Kreuz bei einer dieser sich Volkspartei nennenden Parteien, dem kann einfach nicht geholfen werden. Er kann sicher sein, dass er ein Menschen-Verächter ist, hat k/einen Glauben und auch kein Gewissen, und ist mit diesem gewählten Verein, da wo die meisten Parteien sich heute und vor X Jahren befanden.

Ein Beispiel nur.

Da wurden Proteste in den letzten Jahrzehnten geführt, die das Verklappen von Atommüll-Fässern von den Wiederaufbereitungs-anlagen in England, im Ärmelkanal und … verbieten sollten – was man geschafft hat.

Aber: Diese Art Entsorgung wurde verboten! Doch man ersann eine andere Methode, sich dieses todbringenden Zeugs zu entledigen. Man baute stattdessen eine Rohrleitung und schickte diesen Atom-Müll in

200

Form von kleinen, flüssigen Partikeln durch diese Leitung unverschlossen ins Meer!

Dazu die Aussage eines Regierungsvertreters:
„Es ist besser und wirtschaftlicher, dieses Zeug **SO** zu entsorgen und dafür <u>einige Menschenleben zu opfern</u>, als Unsummen von Geldern zu investieren, um wenige Menschleben zu retten – und übrigens, das tun alle Regierungen auch bei **SO**lchen und/oder/ anderen Fällen."

Spätestens jetzt, liebe Leserin und Leser, **SO**llte Ihnen klar sein, welchen Machenschaften Sie mit den heutigen Regierungen und Sagern ausgesetzt sind.
Dass diese/r Per**SO**nenkreis nie zur Rechenschaft gezogen wird, werden kann, das können Sie im nächsten Buch mit dem Titel

Jenseits von Demokratie und Rech(s)staat

Untertitel:
Geheimcode Rechtsstaat: Der größte Straftäter –Dein Staat

lesen. Hoch leben diese Nachkommen der Raubritter!?

Nachtrag zum letzten Kapitel

Erst jetzt, einige Zeit später, konnte aufgrund der Studien zum Buchtitel der nachstehende Artikel geschrieben werden, denn die darin und dadurch gefundenen Erkenntnisse lassen keinen anderen Schluss zu!

Autor Ben Huu Chiey (29.01.15...)

Noch 'ne Wahrheit

Aufgrund dieses zuvor genannten Erlebnisses und der damit verbundenen und notwendigen Studien der einschlägigen Artikel des

Grundgesetzes sowie aller dafür infrage kommenden anderen Paragraphen bleibt nur die Feststellung, die wir nachstehend aufgeschrieben haben.

Schreiben an:

Herr Bundespräsident,
Frau Bundeskanzlerin,
Minister/INNEN,
werte Damen, werte Herren, die einen Eid auf die Verfassung abgelegt haben!

An alle, die dieses Deutschland mit einem Eid vertreten.

Sie alle haben einen Eid auf die Verfassung, das Grundgesetz − **nicht** − die vielen anderen §§, und wohlmöglich auf die Bibel geleistet.
    Aber, so müssen Sie sich fragen lassen: Kannten Sie die Inhalte dieser Schriften überhaupt, oder haben Sie wie Tausende vor Ihnen, diesen Eid blind geleistet?
    Dann ist es ein **Meineid, den Sie geleistet haben.**

Denn aus der einschlägigen Literatur zum deutschen Recht geht sehr klar hervor, dass es einen solchen Eid verbietet!
    Anhand der nachfolgenden Schriften sollten Sie überprüfen, was in Ihrem Fall die Wahrheit ist, und dann bitte ich Sie, dem deutschen Volk diese Fehlhandlung kundzutun, sodass es jeder lesen, hören kann. Das wäre für mich und den weiteren Verlauf des Buches äußerst wichtig!
    Da Sie sicher ein/e Ehren FRAU/MANN sind, dürfen wir davon ausgehen, dass Sie dieses Mal Ihr Wort halten und Wahrheiten Wahrheit werden lassen!
    Denn wenn die in der Kurzfassung zu lesenden Zeilen, Wahrheiten an die Öffentlichkeit kommen, und dann das Buch, wird für viele der Glaube an dieses Land und seine „Repräsentanten" völlig zerstört werden!

Mit freundlichen Grüßen

Da auch dieses Schreiben kaum an Sie persönlich weitergegeben wird, muss ich anmerken, dass auf der Empfängerliste zu diesem Schreiben auch Ihr Name steht.

Neueste Erkenntnisse

Viel haben wir in diesem Fall unternommen, um einen Verleger zu finden. Doch bisher – vergeblich. Also schrieben wir auch an den jetzigen, an den B- Präsidenten* und erhielten eine vernichtende Antwort, zum Scharfrichter!

*(z. B. B-auern-Präsident; B-eamten-Pr.; B-erufs-Pr.; B-elustigungs-Pr.; B-ewirtschaftungs-Präsident usw., usw.)

D 10... Berlin   Juli.2017

Sehr geehrter Herr B ... -Präsident!

Sie stehen – für mich – als Vertreter von Demokratie und Rechtsstaat und sind einer von wenigen B ... -Präsidenten, die ich für dieses Verhalten schätze.

Doch, so lassen Sie es mich sagen, fehlt Ihnen in der Bewertung zu Demokratie und Rechtsstaat einiges an Wissen, wie es scheint, das man der Mehrheit in diesem Lande verschweigt!

Ich hatte 1996 und 2004 zwei sehr negative Erlebnisse, die in mir die Frage nach Demokratie und Rechtsstaat in ihren Grundzügen stellten.
Danach habe ich gewissenhaft in Gesetzen, Verordnungen und allem, wo etwas über und zu diesem Staat zu finden ist, durchforscht und gesichtet und herausgefunden sowie recherchiert, dass dieses

203

*Deutschland **keinen** Anspruch darauf hat, sich Demokratie und Rechtstaat zu nennen.*
Dieses Wissen und die negativen Erlebnisse habe ich in einem Buch niedergeschrieben.

Ich hoffe, dass Ihnen, sehr geehrter Herr Y Z. ..., Ihr Büro mein Schreiben nicht vorenthält, denn ein Deutschland, wie es dieses ist, wollen Sie doch eigentlich nicht vertreten, und das an hoher Stelle.
Diesem Schreiben habe ich einige Seiten an Auszügen des Buches beigelegt, die belegen, was ich zu Demokratie und Rechtsstaat herausgefunden habe. Ich würde mich über eine persönliche Antwort von Ihnen, sehr geehrter Herr Y Z ..., sehr freuen – und vielleicht haben wir beide einmal Gelegenheit für ein kurzes Gespräch.

Mit freundlichen Grüßen ...H... S...

Antwortschreiben von dort auf das 2. Schreiben von mir, auf das leider nicht reagiert wurde, von der Referendarin des B-Präsidenten. Also schrieb ich nachstehendes.

An
Frau S ...   **persönlich!**

B ... prä ... mt Be

Geschäftszeichen ....Juli.2017)

Werte Frau S.!

Auf mein Schreiben vom 02.07.17 haben Sie mir nicht geantwortet.
Also muss und kann ich davon ausgehen, dass der B ...- Präsident voll damit einverstanden ist – nach Ihren Aussagen – dass ich folgende Zeilen veröffentliche.
Etwa wie:

Der Herr B ... -Präsident hat mir auf mein Schreiben an ihn in Sachen

Scharfrichter in Deutschland
in seinem Namen und seiner Verantwortung geschrieben und durch sein
Referat Verfassung und R... , Fr... S ... mitgeteilt,
*dass er sich auf den **Artikel 20 Abs. 3** beruft,*
der das Rechtsstaatsprinzip garantiert.

(„Er, §§ " – garantiert es aber nicht)
Dass es aber trotzdem Scharfrichter in Deutschland gibt, davon will er anscheinend nichts wissen.
Obwohl diese in Deutschland vom Gesetz her geschützt werden, erkennt ER den Scharfrichter an und erklärt somit, dass Deutschland keine Demokratie ist und hat!
Es kann einfach nicht sein, dass eine Person, wie Herr Y Z ..., so blind ist und diese Wahrheiten nicht sehen will.
*Als weitere Tatsache, aus der Tatsache Scharfrichter, ist auch der Bericht, die Erkenntnis hervorgegangen, dass alle B ...-Bediensteten, wenn, **einen Meineid ablegten**!*

Dieses Schriftstück sollten Sie, Frau S ..., dem sehr geehrten Herrn Y Z ... besser einmal zur Kenntnis vorlegen, bevor es veröffentlicht wird!

Mit freundlichem Gruß

Auf dieses Schreiben habe ich bis zum heutigen Tag keine Antwort erhalten.
Es stellt damit klar, dass **Deutschland <u>keine</u> Demokratie und somit auch kein Recht/s/staat ist!**

SO – geht – *dieses Deutschland* – in die Zukunft!

Eine unsichere Zukunft

Verlogen oder unwissend – was aber spielt das noch für eine Rolle!

Inhalt

Zeitfracht Medien GmbH
Ferdinand-Jühlke-Straße 7
99095 Erfurt, Deutschland
produktsicherheit@kolibri360.de